Seadove

Seadove

Seadove

Seadove

筆記本成功法

最簡單的工具，往往蘊涵著最巨大的力量！

成功沒有捷徑可言，如何使用筆記本將是最重要的基本功！
將目標寫在筆記本上，是實行的第一步！
從網路、書籍上獲得的知識就像是印在沙灘上的足跡，
只有自己親手紀錄過，知識才是真正屬於你的！

凡禹 著

前言

時光如梭，歲月飛逝。人生總是如此匆匆而短暫，我們每一個人卻總是強烈的渴望事業的成功與輝煌、生活的美滿與幸福。

然而，同為大千世界的芸芸眾生，有些人可以輕鬆的步入成功的殿堂，有些人卻總是與成功擦肩而過，以致終生默默無聞。

時間對每個人來說，都是公平的，可是為什麼會有如此巨大的差異呢？追根究底，珍惜時間的人將會得到無窮無盡的財富，浪費時間的人將會一無所有。

「時間就像海綿裡的水，只要願意擠，總是有的」，可惜在大多數情況下，珍惜時間只是一種美好的願望，大量的寶貴時間不知不覺中從我們身邊流失了。於是，我們經常聽到有人慨歎：

「我沒有時間！」、「時間真不夠用！」……

最簡單的工具，往往蘊涵著最巨大的力量！

那麼，是誰偷走了我們的時間？我們應該如何擺脫這種被動的局面？怎樣合理安排有限的時間？

一年的時間一轉眼就過，如果你經常發現每年的目標大部份都還沒達成，不妨看看如何以筆記本將夢想帶著，不斷反思，幫助你達成夢想、思考、行動的目標。

最簡單的工具，往往蘊涵著極大的力量，這就是為什麼像眾多職業經理人、學者、藝術家、商人和政治家都有使用筆記本的習慣。

每天在筆記本上查看和記錄，已經成為成功者的習慣，透過這本書的學習，你也可以掌控筆記本的使用，並且培養優秀的時間管理的習慣，真正讓筆記本為你工作。

本書將透過簡單有效的文字說明和插圖，幫助你達到以下幾點：

- 樹立目標，並且不斷審視自己的進度。
- 提高效率，在最短的時間裡做最多的事情。
- 做好計畫，並且有條不紊的執行。
- 整理資訊，以備日後使用。
- 實現工作、生活等各個角色的平衡。

■幫助記憶，節約時間。

對你來說，成功真的遙遠嗎？當你透過筆記本的使用，真正成為時間主人的時候，你就像找到一條捷徑，成功會變得離你非常近。時間竊賊再也不會偷走你的任何東西，因為你已經找到對付它的最佳工具。

最簡單的工具，
往往蘊涵著最巨大的力量！

目錄

筆記本成功法

最簡單的工具，
往往蘊涵著最巨大的力量！

第二章　掌握它！準備好和時間賽跑了嗎

第三章　將夢想、行動與思考化於紙上

最簡單的工具，
往往蘊涵著最巨大的力量！

第四章 讓筆記本開始為你工作

當你想清楚如何做的時候，已經成功了一大半，剩下的工作就只是按部就班的實現它們。
——歌德

不要買自己想買的東西，而是要買自己需要的東西；不需要的東西即使只花一分錢，也是昂貴的。
——卡托

很難說什麼是做不到的事情，因為昨天的夢想，可能是今天的希望，而且還可以成為明天的現實。
——羅伯特

時間會刺破青春的華麗精緻，會把平行線刻上人的額角……什麼都逃不過它橫掃的鐮刀。
——莎士比亞

人擁有的東西沒有比光明更貴重、更有價值，所以千萬不要把你今天所做的事拖延到明天做。
——貝多芬

時間最不偏私，給任何人都是二十四小時；時間也最偏私，給任何人都不是二十四小時。
——赫胥黎

第五章

讓自己成為高效能人士

最簡單的工具，
往往蘊涵著最巨大的力量！

第六章　為筆記本做自我分析與診斷

重新審視自己的筆記本……176

想要懂得今天，就必須研究昨天。

——美國作家賽珍珠

定期回顧人生目標，積極進行自我對話……178

時間是人所能耗費的最有價值的東西。

——泰奧佛拉斯托斯

自我分析一天的時間使用……182

時鐘不停的響著，用毫不留情的精確性，記下我生活裡消失的無影無蹤的每分每秒。

——高爾基

筆記本的輔助部份……184

時間應該分配的精密，使每年、每月、每天和每小時都有它的特殊任務。

——康美紐斯

第一章：選擇它！就是選擇成功

很多商業上成功的人士，例如：比爾．蓋茲、華倫．巴菲特、李嘉誠、松下幸之助……都是時間的極端珍惜者和有效使用者。

這些大人物們取得成功的秘訣，不是擁有比別人更多的時間，而是充份利用它、主宰它，成為時間的主人。在他們隨身攜帶的筆記本中，必然滿滿的記錄著他們一步步走向成功的秘密。

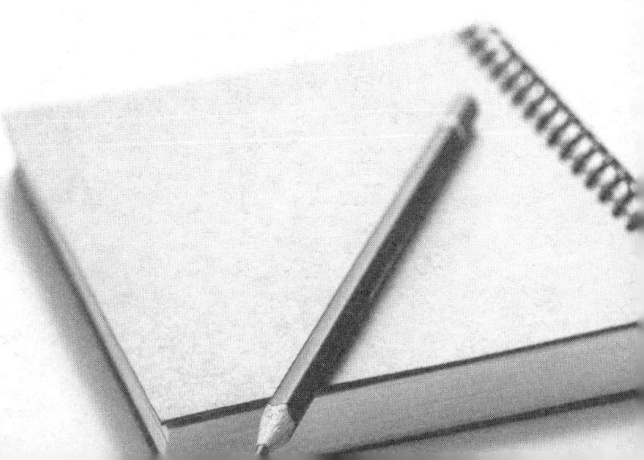

小小筆記本成就偉大的民族

想要徹底改變自己，不完全取決於你花了多長時間，更重要的是，在於你是否用心，並且找對方法。

——華倫．巴菲特

「當時談好交貨的日期，確定是六月七日吧，也許是九日吧？」，「啊！我記錯了，是九日吧？我的確記著是九日，所以……」誰管你記的是何日，無論怎樣解釋，為時已晚，將無法挽回。因為你的不守時，很可能會發生毀約、不兌現承諾的事。正是這些事，無形之中在耗費你的精力，降低你的信譽度。

透過對無數成功者的研究，我們發現他們都有一個共同的特點：

筆記本成功法

不論有多少事務，成功人士總是可以用從容的態度來有條不紊的處理，他們總是可以用嚴謹的邏輯性和系統性處理問題，在他們身上，不允許有馬虎和含糊不清出現。

的確，個體的成功有時不會令人信服，但是一個傑出的群體成功的原因，是值得所有人深深思考的。

在世人看來，猶太人絕對是世界上最聰明的民族之一，很多人都在驚歎他們的神奇智慧。其實，鑄就這種舉世絕倫的商業頭腦的原因之一就是——他們精細的工作態度與嚴謹的做事風格。

在猶太人的商法裡，根本不允許馬虎存在。因此，根本沒有含糊不清、記錯了等情形存在，縱然是很微小的小事，他們也會不厭其煩的把它記下來。

幾乎每一個猶太人的身上都會攜帶一個小小的筆記本，對於重要的事情，無論何時何地猶太人都記著「筆記」，正是這種「筆記」，對他們的正確判斷，提供莫大的幫助。

例如，在預約晤談的時候，對日期、時間的約定要極其明瞭，而且連晤談大約要花多少時間都計算好了。在赴約時，更不允許有遲到之事發生，而且晤談時間也是嚴格遵守預約好的時間。

在現實日常生活中，談論具體的事情時，猶太人也是竭盡所能、力求精確。可見，猶太人的認真態度到了何種程度！記「筆記」，更說明了猶太人的這種態度。因為猶太人在商談時，是不准發生任何含糊不清之事的。縱然他們已經迅速做出正確的判斷，如果重要的日期、時間、金額、交貨日期等事項記得含糊不清時，也是毫無用處的。

所以，在他們看來，商談中的任何重要細節都需要準確記憶，而且要保持記憶新鮮。這一要求，即使他們有再聰明的頭腦也是無法滿足的，大腦記憶難免會發生差錯，所以，他們只好依靠記「筆記」。

他們的筆記記得很精細，對重要事情發生的時間、日期、內容都做了詳細的記錄。對他們來說，記「筆記」，並不是說把所有的事情都一成不變的記錄在筆記本中，當有瞬間的靈感或回憶的事情時，其他替代品也是可以的。

例如，買香菸時，將香菸裝入菸盒裡，同時將空盒放入口袋，一旦進行「商談」或是有重要事務需要記錄時，將立即在香菸空盒背面記入必要事項，過後再將此整理記入筆記本內。這種簡單又方便的記「筆記」方法，是猶太人精於計算和迅速、正確判斷的基礎。

所以，千萬不要小看筆記本，它會讓你的記憶時時都保持新鮮，它會讓你的工作嚴謹而有系統性。這正是一個小小的筆記本，可以成就一個偉大民族的原因之一！

讓我們都來學習猶太人的認真態度，仔細、耐心的記「筆記」，它將使你受益匪淺。

當你的工作和事業在正確的軌道上穩步前進時，成功距離你也就不遠了！

成功的秘訣在於記錄

機會是極難得的，但是它具備三大成功的條件，那就是：像鹿一般會奔跑的腿，逛馬路的閒功夫，和猶太人一樣的耐性。

——巴爾扎克

很多商業上成功的人士，例如：比爾‧蓋茲、華倫‧巴菲特、李嘉誠、松下幸之助……都是時間的極端珍惜者和有效使用者。

這些大人物們取得成功的秘訣，不是擁有比別人更多的時間，而是充份利用它、主宰它，成為時間的主人。在他們隨身攜帶的筆記本中，必然滿滿的記錄著他們一步步走向成功的秘密。

筆記本成功法

其實，成功的秘訣並沒有多麼深不可測、機關重重。你可以做到像他們一樣，用筆記本管理自己的時間，合理安排自己的工作和生活。

一旦使用，你就會發現它的神奇力量！你就會發現，成功的秘密是珍惜時間，並且合理利用它，讓時間為你工作，而不是把它浪費在發呆、玩樂和做其他毫無意義的事情中。

事實上，記筆記是我們每個人再熟悉不過的事情。

自從入學的第一天開始，老師就教大家各種學習技巧，其中很重要的一項就是：上課做筆記。

他們教我們什麼是上課的內容重點，哪些需要記錄在筆記本上，怎麼記……

學會記筆記，並且做好筆記，顯然可以提高個人的學習效率，有助於我們的學習。可以說，記筆記是好學生的必備技能之一。

假如不做筆記，老師上課時所說的內容即使都聽懂了，也很難保證在以後的復習階段可以記住，同時也很容易忽略老師上課時的細節部份。到了復習階段，即使可以臨時抱佛腳，但是所花的時間一定會大得多。如果筆記做得好的話，哪些是重點，怎樣解答，只要打開筆記本，就可以一目瞭然，所有的疑惑就會迎刃而解。

因此，筆記對學習來說，是很重要的。

有一個成語叫「白紙黑字」，它告訴我們：筆記裡所記錄的事是最準確的，就算你擁有人類最驚人的記憶力，恐怕也比不上。畢竟，人的記憶力仍然是有限的，生活中的瑣碎雜事，需要記憶的事情太多了，大腦也無法容納，而且難免會有差錯和遺忘。

科學研究也證明了這一點，根據艾賓浩斯遺忘曲線，也稱艾賓浩斯保持曲線顯示，記憶的保持量在一小時以後，基本上就停留在三〇％左右，到八、九個小時以後，就趨向於二〇％。這就意味著，隨著時間的推移，人們對以前發生的事就會逐漸的遺忘，昨日記憶猶新的事到今日也許只剩記得一丁點兒。可是，將剛剛發生的事記錄下來，就不會錯，因為在記筆記的那一刻，所有的記憶都是新鮮的。

誰也不能保證自己過目不忘，即使是那些成功人士，他們也要不停的做記錄，不停的翻看自己的筆記本，確認自己有沒有遺忘重要的約會或是其他事情。

因此，合理安排自己的時間，養成隨時記錄、翻看筆記本的好習慣，對於想要獲得成功或是已經獲得成功的人來說，是至關重要的！

你還在等什麼呢？趕緊準備一個筆記本吧！

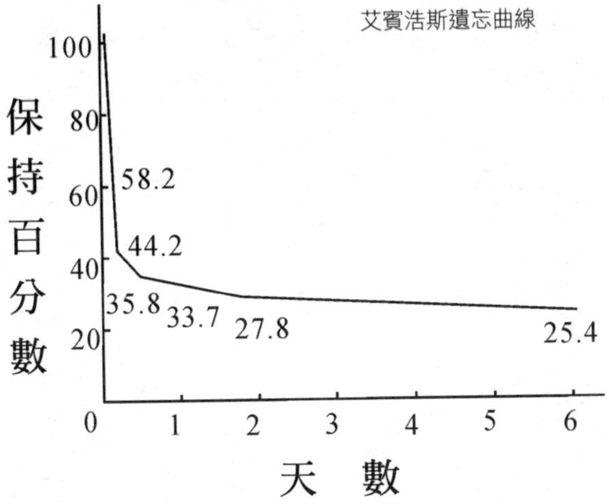

這條曲線告訴我們，在學習中的遺忘是有規律的，遺忘的過程不是均衡的，不是固定的一天丟掉幾個，隔天又丟掉幾個，而是在記憶的最初階段，遺忘的速度很快，後來就會逐漸減慢，到了相當長的時間以後，幾乎就不再遺忘了，這就是遺忘的發展規律，即「先快後慢」的原則。

觀察這條遺忘曲線，你會發現，學得的知識在一天以後，如果不儘快復習，就只剩下原來的二十五%。

隨著時間的推移，遺忘的速度減慢，遺忘的數量也就減少。

有人做過一個實驗，兩組學生學習一段課文，甲組在學習後不久即進行一次復習，乙組不予復習。一天以後，甲組可以記憶九十八%的內容，乙組則是記憶五十六%；一週以後，甲組還可以記憶八十三%，乙組只剩下三十三%。

實驗結果顯示出：乙組的遺忘平均值比甲組高。

我的箱子裡裝滿了成功的秘密，只有我知道打開箱子的密碼！

選擇記錄的目標

閱讀使人充實，會談使人敏捷，寫作和筆記使人精確。

——培根

你是否經常為空有夢想卻無法實現感到不安？那可能是你沒有把目標的短、中、長期計畫，具體的寫在筆記本上的關係。筆記本最大的功用就在於——寫下你的人生未來年表，換言之，筆記本的使用方式，就成為你對自己生活所做的一個設計。

在人生的航程上，目標就好像是一盞海上照明燈，指引著你前進的方向。沒有目標的人生，卻如同行走在黑漆漆的海面上，不知將生命之船開往何處。

美國的一份統計結果顯示，一個人退休以後，特別是那些獨居老人，假如生活沒有任何目標，每天只是單純的吃飯和睡覺，雖然生活得無憂無慮，但是他們後來的壽命一般都不會超過七年。

美國作家福斯迪克說得好：「蒸汽或瓦斯只能在壓縮狀態下，才可以產生動力；瀑布也要在巨流之後，才可以轉化成電力。生命唯有在專心一意、勤奮不懈的時候，才可以獲得成長」。為了幫助各位感受目標的重要性，讓我們一起看看這個故事：

小賴嘉隨父母遷到亞特蘭大時，年僅四歲。他的父母只有小學五年級的學歷，因此當賴嘉表示要上大學時，他的親友大多不表示支持，但是賴嘉心意已決，最後果真成為家中唯一進大學的人。但是一年之後，他卻因為貪玩導致功課不及格而被迫退學。在接下來的六年，他過著得過且過的生活，毫無人生目標。他大半時候都在一家地區性的電臺擔任導播，有時也替卡車卸貨。

有一天，他拿起柯維的第一本著作《相會在巔峰》，從那時起，他對自己的看法完全改變，發現自己有不平凡的能力。重獲新生的賴嘉，終於瞭解到目標的重要性。的確，目標決定我們的將來。賴嘉的目標是重返大學，然而他的成績實在太差了，以致連續遭到墨瑟大學拒絕兩次。在遭到第二次拒絕之後的某一天，賴嘉無意間遇見院長韓翠絲，他趁機向她剖明心志。結果，院長答應他的請求，准許他入學，但是有一個附加條件：他的平均分數要達到乙等，否則就要再度退學。

賴嘉一改過去的散漫態度，以信心堅定、目標明確、內心無畏的姿態，重新踏入校門。他每季平均進修多個學分。經過二年零三個月，即以優異的成績取得學位，緊接著再邁向更高的目標。

如今，這個伐木工人的兒子已經成為賴嘉博士，他還在全美國發展最迅速的教會擔任牧師。教會地點就在費城特爾市，距離他成長的亞特蘭大僅數分鐘車程。

對於我來說，沒有目標就沒有前進的動力，也就失去了嘗試的快樂。

從上面的例子我們可以看出，有目標才會有結果，目標可以激發我們的潛能。設立目標是完成工作的手段，沒有目標就沒有前進的方向，沒有嘗試的樂趣，也就無法做出任何

成績！目標是為了避免人性中得過且過的弱點所必需的。

那麼，我們究竟如何選擇或是制定正確的目標呢？我們認為在選擇或是制定目標時，應該考慮兩個方面：一是目標要符合自己的價值觀，二是要瞭解自己目前的狀況。

請記住：成功是一種個人現象，只有你所完成的事情和你的價值觀相符，你才會覺得獲得成功。

明確記錄的內容

> 身邊永遠要帶著鉛筆和筆記本，讀書和談話時碰到的一切美妙的地方和話語，都把它記下來。
>
> ——列夫·托爾斯泰

人人都知道偉大而堅定的目標可以刺激我們奮發向上，但是，人生所面對的選擇太多了。對許多人來說，在眾多選擇中選定一個目標實在不是一件容易的事，機會多是一個原因，另一個重要的原因是，我們每天為了生活而花在工作上的時間，已經佔了全天的絕大部份，哪裡還有時間好好想想自己的將來。

但這正是問題的癥結，就是因為沒有目標，我們每天才會丟三落四，沒頭沒腦，做事糊里糊塗、漏洞百出。因果關係轉化，這只是一個惡性循環。

另外，有些人面對眾多機會選擇沒有目標，則是因為他們安居樂業、滿足現狀，他們不敢接受改變，也沒有勇氣面對新環境可能帶來的挫折與挑戰，所有這些消極被動的人，最終只會成為一個平庸、碌碌無為的人。

事實上，隨波逐流、缺乏目標的人，永遠不能竭盡全力的發揮自己的潛能。因此，只有選擇做一個目標明確的人，我們的生活才會有意義。然而，現實往往是說得容易做得難，多數人對自己的目標，僅有一點模糊的構想，只有少數人會採取行動來實現自己所設計的宏偉藍圖。

既然設立目標這麼重要，那麼，在設立目標之前，一定要明確目標設立的要素。目標必須具備下列三項要求，缺一不可：

目標要有可信性

再重複一次，目標必須要有可信性。那麼，目標應該對誰有可信性呢？當然是你自己。別人相不相信不重要——你自己不相信，就無法實現。

筆記本成功法

清楚的界定目標

如果你的目標含糊不清，等於沒有目標，只是願望而已。目標必須明確，越清楚越好。不要寫「我要賺大錢」，而是要明確「我要賺（數額）」。加上期限，例如：「年底前」、「二XXX年」。這樣才是明確的目標。至於如何賺？賺到錢以後要買什麼……全部要寫清楚。

需要有強烈達到目標的欲望

不只是想要，而是「熱切」的欲望。如何讓自己擁有熱切的欲望呢？具體的想像目標達成以後的情形。可以具體的想像到，目標就已經達成了一半，多次練習，它就會成為你的掌中物。

舉一個例子來說：有一個女孩，曾經胖到七十五公斤。她花了一個小時設定目標，終於在十九個月後，體重減輕三十公斤。

讓她改變的關鍵因素不大。她把她想要穿的衣服照片掛在床頭，每天看三次，想像自己穿起來多麼美麗迷人。她的確吃了一番苦頭，但是到最後終於苦盡甘來，一切痛苦都已不復存在。她開始新的自我、新的興趣，更具自信。

總之，只有吃得苦中苦，才可以得到成功，過去的痛苦很快就會被成功的喜悅取代。

利用筆記本管理你的目標

如果要將自己的目標與夢想化為力量，那麼，就在你的筆記本上畫出自己的人生金字塔，也就是自己在知識、健康、心靈、工作與經濟等方面，希望達到的終極目標。

然後，發展出你的人生未來年表。想想看，從現在開始的十五年，你想要過什麼樣的人生？十五年的人生未來年表看似龐大，但是事實上花個三天，就可以有明確的答案。人生未來年表想要寫好，有三個重點：

- 列舉夢想與目標以後，設立達成的日期。
- 確定現狀與夢想的距離。
- 把達成的日期分段。

一個人要從客觀的角度認清自己的不足，並不是一件容易的事。因此「確定現狀與夢想的距離」的用意，就在於認清差距。大多數人都身兼父母、兒女、公司員工或是主管多

筆記本成功法

重角色，寫完這份未來年表，認清自己現在的位置以後，反而可以有一種按部就班的期待心情。

看著吧，我一定要瘦身，穿上那件漂亮的衣服。
哈哈，你打算什麼時候達成目標啊？我等著看喔！

學會知難而退

人生的真正歡樂是致力於一個自己認為是偉大的目標。

——蕭伯納

在某些情況下，你總會發現自己深陷泥潭，無法自拔，不得不面對知難而退的情況。例如，當你投入大量的時間和精力在某件事上，儘管盡了最大的努力、動用了一切資源，還是沒有成功，甚至越來越糟。為了面子、尊嚴以及曾經投入於此卻無法成功的不甘心，會不會讓你一如既往的在這條死胡同裡走下去呢？

人，或多或少都會有一些偏執，儘管已經一再嘗試，仍然會找出更多的藉口和更多的承諾為自己辯解，仍然會為了尊嚴而繼續做著無用之功。有些事只憑你個人的努力是沒有任何結果的，要學會從麻煩中抽身，知難而退。

前面我們說過，筆記本的使用是為了實現個人的夢想，但我們不是說，每個人的夢想都是正確的，極端一點的說，天方夜譚、無稽之談之類的夢想，即使你擁有最大的、最堅定的決心，也無法實現。當你的人生夢想出現問題時，我們就應該適時知難而退，設定另一個人生夢想。

以下幾個基本的方法，可以幫助你決定何時應該堅持、何時應該放棄、何時繼續嘗試以及何時知難而退。

尋求更多的資訊、資源，防止重蹈覆轍

一個能幹而直率的同事，是一個研究者所能擁有的唯一一項最重要的資源。在工作方面，經驗豐富的工作人員，經常會建議新人在何時何地應該怎麼做。他們所提供的資訊，通常出自自己的親身經歷，如果你可以在做此事之前，事先瞭解到更多的資訊，就可以避免重蹈覆轍，減少不必要的損失。

向前輩請教，的確是一個事半功倍的好方法。

跨越無法克服的障礙

當你遇到無法克服的障礙時，通常即使再努力也只會造成更大的損失。我們要趁早設法找出問題的癥結，及時亡羊補牢，解決一些還可以解決的問題，就可以省下很多的時間與麻煩。通常，為了保全面子，人們不願意面對或是不願意找出癥結，即使找到癥結，他們也會裝作視而不見。否認只是拖延，問題會像黑洞一樣，越來越大。例如，你的人生夢想是希望在公司中步步高升，但是這家公司始終是由家族成員擔任高層要職，或是在特定種族或性別中選擇，但是你不屬於這些成員之一，這時，你大概就需要轉移到成功的可能性較大的陣地，重新設定自己的人生夢想。

衡量目標實現的回報

假如你是尋找消失的法老王墳墓的霍華德・卡特，因為潛在的回收率相當大，你可以花上好幾年的時間。然而，如果你是業務員，你就負擔不起花一個月時間在一個最多只能創造微薄利潤的準客戶身上。誠然，人生夢想也是一樣，為了一個對自己毫無意義的夢想而奮鬥，實在得不償失。

衡量目標實現的成本

在經濟學領域，將「人」假設為理性人，他最大的特點就是以最小付出獲得最大回報為標準來做出選擇。我們衡量目標的標準也應該是這樣，既要考慮它的實現回報，也要考慮它的實現成本，只有回報和成本的比例達到最高，這個目標對於個人來說，才是真正「實惠」的。

要有自知之明

假如個人的能力不夠，有些事情就不應該做。你也許有一個偉大的夢想，可是對你而言，卻必須耗費太多資源才有可能成功，不妨稍微降低標準或是乾脆放棄，找一個更適合自己的並且可以在自己的能力範圍內實現的夢想。

小心黑箱

有些遊戲場地高低不平、有些紙牌不齊全、有些骰子的滾動有問題，大多數時間管理的書籍都不會提到這個問題。

可是，每年有無數的時間，都浪費在一些所有參與者都不可能成功的事情、計畫、比賽上。訪問只是為了表演，選拔也被動了手腳，早就有了內定人選。有效的時間管理專家，知道進可攻退可守的道理，而且會進一步運用其技巧。

因此，我們在做人生規劃的時候，首先要收集一些關於這類的資訊，除非你能控制這個黑箱，否則，當你足以證明不管你多麼努力都沒有勝算時，請立刻改變你的計畫，重新加入另一場公平的比賽之中。

出去吧！你已經來好多次了！我不要買你的產品。
好的！如果您需要我的服務，請歡迎隨時來電！
NO!

沒有最好，只有更好

堅持一貫的目標才是重要的。所以即使遲鈍不聰，只要鍥而不捨，也可以發揮相當的作用。

——塞涅卡

有一句話說得好：「沒有最好，只有更好。」它顯示了一種積極向上、永不滿足的心態。但是，有些事物你對自己的要求沒必要太高，有時候夠好就可以了。

我們沒有必要浪費太多時間去追逐完美的東西，對自己太過吹毛求疵，最後造成的結果可能是失敗。我們需要調整好對待成功的平淡心態，不要太看重結果，注重去享受實現成功的過程，其實，成功就會離你不遠。

女演員佩吉・阿什克羅夫特有一次告訴導演諾里斯・霍頓，她從自己本身的經驗以及和一些好演員，例如吉爾古德與奧利維爾合作以後發現：「有些偉大的角色……沒有人有辦法從頭到尾全力演出，一個演員只能期望他經常有能力達到巔峰狀態。」

鮑比・瓊斯也有相同的結論，他是唯一一個贏得高爾夫大滿貫的高爾夫球員，包括美國公開賽、美國業餘賽、英國公開賽及英國業餘賽。

他說：「我一直到學會調適自己的野心以後，才真正開始贏球。也就是對每一桿有合理的期望，力求表現良好、穩定，而不是寄望有一連串漂亮揮桿的成就。」

鮑比・瓊斯的領悟得來不易，他必須與想要強迫自己超越自身能力的欲望苦戰。他在高爾夫球員生涯的早期，總是力求揮桿完美，當他做不到時，他就會摔球桿、破口大罵，甚至會離開球場，這種脾氣使得很多球員不願意和他一起打球。後來，他漸漸瞭解，一旦打壞了一桿，這一桿就算完了，但是你必須盡力打好下一桿。

有時候，完美是必須追求的。例如，製造航空火箭的人，應該致力於完美；考數學做計算題的時候，應該沒有任何的錯誤。然而，有些完美即使做得到，也不值得花時間去做。成功的時間管理者要知道什麼時候應該追求完美，什麼時候應該見好就收。

有時候，你必須繼續進行下一個計畫，許多你必須做的計畫和工作就像跨欄一樣，你不應該碰倒柵欄，但是少碰倒一個柵欄不會有額外的加分，你只要跳過去。同理，如果你所做的計畫，需要在很短的時間內跨過很多柵欄，你花費太多精力在第一個柵欄上，就會精疲力盡而沒有多餘的氣力完成剩下的部份，同時，你的速度也會減慢。最好的跨欄選手會僅以細微的差距跳過柵欄，而不是浪費力氣和時間讓自己跳得很高。

艾倫・休恩梅克所著的《大學生生存手冊》中提到這一點。他建議學生用最小的差距跳過障礙，以便為眼前其他的事情保留精力。忽視獲得學位基本要求——如果未修完自身學科的研究生，不論他們在其他專業上是多麼有天賦，永遠也得不到學位。休恩梅克談到一個他在柏克萊的學生，這個學生喜歡研究，努力工作而且做得很好，「但是他在其中一個障礙處跌倒了。在發表二十五篇論文之後，他被退學了。」

休恩梅克的論點，適用於許多其他的領域。假如你現在已經確定好一個目標，當遇到某些障礙的時候，不停的鑽牛角尖，企圖用跳高的方式跨欄，最終你將會失敗，而失敗將使你的自信心受損，對未來沒有希望。很多事情如果都用追求完美的標準來處理的話，那麼，你將面對的是，沒有什麼事情可以做得符合你的期望值。

筆記本——達到夢想的外部記憶體

一個人若是依循著某條軌道前進，那總會在某處有個終點……所以不能作無目標、無意義的旅行。

——塞涅卡

記筆記的過程，有助於我們大腦的思考，並且將思考的結果確定在筆記本上，以便時時提醒我們下一步的行動。類似於筆記心理學的理論，舉一反三，我們記筆記的方式，會逐漸影響我們的思考方式，進而形成固定的行為反應。也就是說，你記筆記的方式，就是你思考的方式，就是你運用頭腦的方法。正因如此，你記筆記的方式，一方面可以讓你合理安排時間，做事有條不紊；另一方面可以鍛鍊你的思維，為你的思考方式立下規矩，進

筆記本成功法

而使你的大腦漸漸閃耀出智慧的光芒。

那麼，筆記本到底有什麼用呢？

持有一本筆記本並且使用它，是因為你希望自己的生活更充實、更有條理，並且期盼你的今天比昨天美好，明天比今天絢爛，真可謂是現實生活中智慧的發光點。也正因為有這種期待，我們努力，我們學習，我們使自己更有能力。

每個人都曾經在一年之初，翻開一本新的筆記本，下一些決心，做一些反省。打開這本新筆記本的時候，我們期盼使用這本筆記本的這一年或是自己的人生與生活可以更美好。

然而，結果是怎樣呢？夢想成真或是成空，今年比去年有收穫或是今天成為昨天的翻版，一切如舊，沒有任何變化或是奇蹟。於是，我們只能在「筆記本可以改變我們的生活嗎？」的想法，以及「是不是應該換一本更好的筆記本？」的期待之間，搖擺不定。

這暫且不提。問題的重點是，你究竟在筆記本中記些什麼。當然，不管你記什麼都好，這是你的自由；但是你如何去記一件事，卻是超乎你想像的重要。

你在筆記本上記什麼、如何記，意味著你每天想什麼、希望做什麼，也就是意味著你生活的視野。要如何生活？做些什麼事？換言之，筆記的使用方式，就成為你對自己生活所做的一個設計。

因此，筆記本不僅是單純管理每天行程的隨身工具，同時，更是協助人們達到夢想的外部記憶體。事實上，成功者的訣竅不外乎兩件事情：一是制定目標，二是把目標用自己的手寫在筆記本上。

在現今科技發達的時代，多數人是不折不扣的拇指族，靠一根拇指就可以透過手機或是ＰＤＡ，鍵入許多行程或是當日重點，為什麼還要大費周章的寫在筆記本上呢？

那是因為當我們把夢想與目標寫在筆記本上的時候，就像是藉由文字的力量，為自己加油打氣。假如我們把筆記本化作自己身體的一部份，寸步不離身，可以隨時對自己的人生地圖做一番檢視。

因此，與其說筆記本是單純管理行程的工具，不如說是攸關人生能否成功築夢、追夢的外部記憶體。

筆記本成功法

更有效率的工作方法和讀書方法

> 只有當你擁有相當強烈的追求成功慾望，並且因此採取積極行動時，最終你才可以獲得成功。
>
> ——戴爾‧卡內基

除了基本的筆記本，此外，你還應該注意一些做事的基本原則，掌握這些方法，將會使你的行動更富有效率。

沒有截止日期的工作，不要期待有成果

如果沒有定下期限，就會有「有空就做」這樣曖昧不明的想法。人的惰性就是「反正

不急的事情，現在就不做」。

有一種「截止日期心理」的說法，就是「緊急的事情，交給最忙的人做」往往會更有效率。因為忙碌的人往往有「什麼時間之前，要完成什麼事情」的概念。提高工作效率，不但更有成就感，同時可以擠出更多屬於自己的時間。

將所有目標變得更明確

無論你為自己制定什麼樣的目標，都應該多角度的仔細考慮。你的目標必須是明確的。

前美國財務顧問協會的總裁路易斯・華克，有一次接受一位記者針對穩健投資方面的採訪。他們聊了一會兒以後，記者問：「到底是什麼因素，使人無法成功？」華克回答：「模糊不清的目標。」記者請華克進一步解釋。

他說：「我在幾分鐘前問你，你的目標是什麼？你說希望有一天可以擁有一棟山上的小屋，這就是一個模糊不清的目標。問題就在『有一天』的表述不夠明確，因為不夠明確，成功的機會就不大。」

「如果你真的希望在山上買一間小屋，你必須先找出那座山，算出小屋的價值，然後考慮通貨膨脹，算出五年以後這棟房子值多少錢；接著你必須決定，為了達到這個目標，每個月要存多少錢。如果你真的這麼做，你可能在不久的將來，就會擁有一棟山上的小屋。但是如果你只是說說，夢想就可能不會實現。夢想是愉快的，但是沒有配合實際行動計畫的模糊夢想，只是妄想。」

諸位，如果你制定遠期或近期的目標，一定要把它們具體化，例如：

目標：參加聚會活動，擴展人脈

數據化：「每」月參加「一」次聚會活動，交換「五十」張名片，其後從中選出「十」位有交流誠意的人聯絡，從中選出「五」人深交。

目標：有重點的企劃書

數據化：以「四十」字乘「三十」行的「兩」張「A4」紙完成企劃書。

目標：言之有物

數據化：自我訓練在發言之前以「三百」字歸納結論。

目標：與不苟言笑的主管加強溝通

數據化：「一」天「一」次逗主管笑。所以，「這」星期要準備「三」個笑點。同時，「一」星期與主管共進「一次」午餐。

目標：提高部署的動機

數據化：準備「三」個激勵方案，每個方案不超過「一」萬元。

把「重點是什麼」作為口頭禪

在時間管理上，為了更有效率的工作和生活，還應該有「給我重點，其餘免談」或「現在最重要又緊急的事情是什麼」的習慣。這種思考的整理，就是集中思考力的方法。人腦其實是很玄妙的，我們不限制它，它就會無限制展開漫無目的的思考，所以要隨時有「重點是什麼」的思考訓練。

在心理學中，有一個名詞叫做「自動思考」。意思是說，人在不得志的時候，腦子經常會想「這下子完了」，充滿負面的思考，陷入「想太多」的思考方式中，無法跳脫。相反的，時時養成「重點是什麼」的自動思考方式，可以避免不必要的杞人憂天。

例如，與人初次見面時，讓腦中狀態時時出現：「我和此人會面的重點是什麼？」以避免浪費不必要的時間。當工作犯錯時，將腦中的狀態從「這下子要被炒魷魚了」的負面思考，換成「犯錯是事實，承認錯誤」的重點式思考，接著思考「如何善後」。

只有你可以解決這個問題，所以問題會找上你

人可以分成兩種，一種是將事實當作命運，還有一種是把眼前的事實，當作是自己的選擇與責任。

這兩種人解決問題的方法也大不相同，前者會想：「這是宿命，我沒辦法解決。」後者會想：「只有你可以解決這個問題，所以問題會找上你。」

多看書

人與動物不同的地方就在於，「人可以透過看書這件事，在幾個小時之內，模擬體驗別人的一生。」安東尼・羅賓在年輕的時候，用三年時間讀了七百部書，李嘉誠現在還保持著每年讀五十部書的習慣，松下幸之助更是視書如生命一樣重要。

讀書的種子

事實上，擴展人脈的重點在於，將別人的想法與所知「套」出來。「套」出來的意思就是，自己要先有與人溝通的話題，引起興趣，對方才會與我們有好的互動。

一鼓作氣走最短距離達到目標

不必對每一件事立刻就埋頭苦幹，而是應該先想想達成目標的最有效率的方法，然後一鼓作氣走最短距離達到目標。用最短的時間實現最好的效果的典範就是比爾・蓋茲，他建造微軟帝國，只用了短短幾年的時間。

與成功者為友

成功不是憑藉自己一個人的努力就可以達到的，不妨多接觸一些成功的人物，接受他們的刺激。只要覺得這個人值得學習，就將「我想和他們見面」的夢想，寫在「想做事情表」裡面，參加他的演講會，在會後發問時間裡勇敢舉手，或是透過這個人的著作，瞭解此人的成功之道。

筆記本成功法

選擇最佳工具

> 知識本身並沒有告訴人怎樣運用它，運用的方法乃在書本之外，這是一門藝術，不經實驗就不能學到。
>
> ——培根

筆記本的選購

在我們使用筆記本之前，一定要挑選一個最適合的工具，做好充份的準備，改變會馬上可以看到。那麼，筆記本的選購應該掌握幾個重點：

自己使用的筆記本，應該自己親自挑選

不同的人，有不同的個人偏好，例如：顏色、款式、紙張、還有價格等因素，都可以影響筆記本的選擇。你可以選擇適合自己使用的類型，也可以根據不同的目的，選擇不同的款式，像商務人士用的筆記本比較穩重、簡潔，封面的色彩，一般以黑色和深藍色為主，新聞記者的筆記本往往因為記錄的內容雜亂而需要空間大的筆記本，工程師或研究人員的工作經常需要收集很多的資料，所以表格式的筆記本使用起來會更加便利。

所以，自己使用的筆記本，最好由自己親自挑選，只有選擇適合自己的才是最好的。在你選購一本稱心如意的筆記本以後，你會在使用它的過程中，更容易體驗到它的賞心悅目，以及帶給你的便利和舒適。

選擇牢固、耐用的筆記本

筆記本管理著每天的計畫、行程，我們每天翻閱它的頻率至少是五次以上。而且，筆記本至少要用一年，因此耐用性就成為在選擇筆記本時的主要原因之一。

可以想像，一本正在使用的筆記本的突然損壞，例如：頁面脫落、丟失都將可能造成很大的損失，即使重新用一本新的筆記本，我們也要花費一定的時間和精力才可以適應。因此，在選購筆記本的時候，最好要考慮它的品質。

筆記本成功法

首先是封面。牢固、耐用的筆記本都擁有牢固的封面，現在市面上的筆記本種類繁多，封面選用的材料也各有不同，紙製的、皮革的、塑膠的……琳琅滿目、應有盡有。因此，在選擇筆記本的過程中，我們要把封面的耐用程度作為一個考慮的因素。

其次是紙張的品質。太薄的紙張很容易不小心劃破，而且在書寫的過程中，還容易將墨水滲透到背面，影響筆記本的美觀。

當我們在厚一點的紙張上記錄內容的時候，我們會發現，不僅書寫的手感非常的好，而且我們精心挑選的筆記本也顯得十分的整潔、俐落。

最後還應該考慮筆記本的裝訂。相比於從前，現代的裝訂技術已經非常發達，但是在選購筆記本的過程中，我們仍然要小心的檢查，例如：裝訂線是否結實，筆記本是否已經裝訂得穩當。

將上述步驟一字不漏的實施以後，我們才可以挑選出一本牢固、耐用的筆記本，在將來的使用過程中，才可以減少破損、脫落等情況的發生。

選擇筆記本的形式

在本書中，筆者將筆記本的形式大致分為兩類：線裝式和活頁式。

線裝式筆記本，對於從事一定職業的人而言，較具實用性，如果所記載的內容是屬於條例式的、較簡單的，這種筆記本就可以表現出最大的優點，因為筆記本就如同一覽表一樣，所有應該做的事都一覽無餘，自己的工作也會更具效率。

但是，線裝式筆記本最大的缺點就是缺乏靈活性，活頁式筆記本正好可以彌補這一缺點，它可以隨自己的意思來改變內容的次序，也可以由自己規劃出自己的記事系統，因此，具有相當大的靈活性。有了活頁式的紙張，對於資訊管理或資料的攜帶上會便利很多。

但是，這種靈活性反過來也可能成為一種負擔，因為如果使用不當，我們的資料就會凌亂不堪，甚至找不到自己所需的記錄。

購買的是較昂貴的筆記本，就會倍加珍惜愛護

在經濟允許的範圍內，選購一本比較昂貴的筆記本，也會有一定的好處。用經濟學的觀點來看，理性人在行動前，都或許會考慮到成本和收益。

一本昂貴的筆記本已經讓我們付出相對高的成本，為了珍惜和愛護我們的筆記本，我們會小心的記錄內容，並且會考慮字體是否精緻、頁面是否整潔大方。

筆記本成功法

最重要的是，在我們認真記錄的同時，我們的夢想和行動會在大腦中留下深刻的印象。從心理學的角度考慮，這個過程將會影響我們的具體行動，促使我們為了達到夢想，全力以赴的完成今天的計畫和行程。

當我們逐步實現自己的夢想，最後所得的收益將遠遠大於這本筆記本的成本，所以，選購一本昂貴的筆記本，何樂而不為呢？

請檢查筆記本的放置在使用時是否方便

筆記本是一年三百六十五天必須隨時攜帶在身邊的管理工具，將筆記本固定的放在某個地方，有利於隨時拿起記錄，否則把時間浪費在尋找筆記本上，是非常不合理的，因為很多重要資訊將會在你尋找筆記本的過程中漸漸流失。

那麼，哪些地方適合放筆記本呢？

由於每個人的行為模式不盡相同，不同的人有不同的行為習慣，一般對於男性來說，固定的放在已經習慣使用的同一側上衣的口袋內，會比較便利；女性則可以放在手提袋中的固定位置。

另外，在筆記本中放置一些小用具也非常方便，例如：小日曆、便利條……

這些小工具最大的用途是，為筆記本服務，方便筆記本的使用。最後，筆記本的尺寸也應該作為選購過程中的考慮因素，這樣才可以把筆記本放在我們習慣使用的地方。

養成每年使用相同類型筆記本的習慣

每種類型的筆記本有不同的記事方式，也有不同的使用格式。習慣的使用相同類型的筆記本，會減少我們為筆記本佈局的時間和精力。

人的長期目標一般以一年為一個週期，所以筆記本的更新週期一般也為一年。為了減少不必要的付出，最好可以養成每年使用相同類型筆記本的習慣。習慣成自然，筆記本的使用也將會隨心所欲、得心應手。

筆記本的款式與大小

時至今日，筆記本的款式眾多，頁面也有很多選擇。

現在市面上有各種尺寸及樣式的筆記本，有些製作得非常精美，當然價格也不菲，但是就像我們之前所說的，購買比較昂貴的筆記本，我們就會倍加珍惜，所以還是有人願意花這筆錢。

筆記本成功法

另外，簡裝大規格筆記本一直以來就大受歡迎，它具有的簡潔及清晰的特性，往往成為人們購買時做出購買選擇的最大因素。

簡裝大規格筆記本最明顯的好處是，頁面空間大，它可以提供許多空白之處，幫助我們管理工作上的雜事，乃至於替我們記住一些重要的資料。

人們在使用簡裝大規格筆記本的時候，一定會覺得記錄事情非常的便利，而且記錄的內容看起來很清晰，一目瞭然。

不過，仍然有絕大部份的人，並不喜歡這樣的筆記本，理由是，它的「體積」太大了，在攜帶上會有很多的不方便。凡事都是如此，完美很難求。

事實上，有不少人興致勃勃的買回一本大筆記本，事後又嫌麻煩。有些人卻害怕撈不回本，東扯西扯的記了一大堆不重要的東西，同樣也有「浪費之苦」。

還有一種袖珍型的筆記本，它的尺寸很小，非常便於攜帶，使用起來非常方便。具體而言，它有下列各項特點：

- 它的大小寬度與手掌差不多。
- 便於記錄，隨時可以放在手中記事。

■便於攜帶，可以放在手提包中。

只要是筆記本，至少也應該具備這些條件。當然，實用性是選擇筆記本最重要的考慮因素，並不是說簡裝大規格筆記本，就不符合我們所謂的「筆記本」條件。只要個人覺得使用方便，再大的筆記本也是最好的筆記本，因為適合自己的就是最好的。

所以說，真正的筆記本因為每個人的使用習慣不同，同樣也可以包羅萬象。

一般說來，年輕人喜歡活頁式筆記本，因為它方便靈活，可以滿足年輕人自由自在、不受拘束的個性喜好。進入職場以後，使用習慣就會漸漸發生變化，逐步開始使用正規的線裝式筆記本，畢竟到了工作場合，穩重、成熟和幹練是備受推崇的。

由這一點也顯示出，隨著年齡的增長，承擔的責任越大，需要處理的工作內容也將更趨於複雜。所以，隨著年齡的增長，人們會逐漸開始愛用老式筆記本。

對於善用筆記本的人來說，活用筆記本不僅可以做好時間管理，更可以協助自己圓夢。

第一章：掌握它！準備好和時間賽跑了嗎

幾乎所有的偉人都有把想法記錄下來的習慣，筆記本是成功者必備的工具之一。

他們用筆記本記錄當天的重要事件和成長學習心得，用筆記本總結經驗、反省過失，用筆記本規劃明天、明確目標，用筆記本管理時間、集中精力、抓住大事……

使用筆記本就是在善用生命、設計生命。

樹立正確的時間觀念

> 任何財富都是時間與行動結合以後的成果。成功是在時間中進行的，時間與成功有密切的聯繫。
>
> ——佚名

時間的無聲腳步，不會因為我們有許多事情要處理而稍停片刻。時間給勤奮者留下智慧和力量，給懶惰者留下空虛和懊悔。

假如以人能活到八十歲計算，大約是七十萬個小時，其中能有充沛精力進行工作的時間只有四十年，大約有一萬四千六百個日子、約三十五萬個小時，除去睡眠休息，大概還剩二十萬個小時，生命的有效價值就在這些有限的時間裡發揮作用。

因此，不要把自己的生命浪費在一些毫無意義的事情上。要知道，人生只有短短的幾十年，可以說是稍縱即逝。只有珍惜和善待自己的生命，樹立正確的時間觀念，我們的生存才會有價值。

時間如同金錢，越是懂得利用的人，越可以感覺它的價值；越是貧窮的人，越可以感覺它的可貴。問題是，當我們富有時，往往不知如何利用而任意揮霍，到了真正需求的時候，卻已經所餘無幾。

渴望實現自身的夢想，就要珍惜時間。也許你讀過許多珍惜時間的故事。可是，本書將告訴你便利的時間管理方法，如何樹立自己的時間觀念，與時間賽跑，贏得每一天的勝利，迎向成功的未來！

這也是從成功走向成功的另一種方式和途徑。我們平常所說的珍惜生命，落實到具體行動上，就是在有限的時間裡做更多的事情，讓我們每天的創造填充生命的縫隙，讓心靈更加完美、更加聖潔。

那麼，如何樹立正確的時間觀念呢？

把握時機

機不可失，時不再來，抓緊時間，可以創造機會。沒有機會的人，往往都是任憑時間流逝的人。很多時候，機會對每一個人都是公平的，行動快的人得到它，行動慢的人錯過它。所以，要抓住機會，就必須與時間賽跑。

管理好自己的時間

現代人從事企業工作，重要的是時間的管理，很多人十分辛苦，每天早出晚歸，疲於奔命。但是如果認真研究，仍然可以發現，許多工作是在浪費時間。結果，大事沒時間做，小事也做不好，企業人應該有自己的時間安排，抓住關鍵，掌握重點。

講話、開會也要講究成本

經常開會，講話既多又長，並非是優點。有效的會議，用時不多，又可以取得成效。日本一位著名企業家認為，在走廊上碰面，也可以相當於開一個小會。「大量的公文往返、會議」無非是浪費自己的時間，也浪費別人的時間。這些時間，本來可以生產很多產品，這就是會議的成本，應該計算一下。有效益的會議當然可以多開，如果沒有效益，還是應該減少這樣的會議。

筆記本成功法

進行時間管理學的研究

時間觀念已經成為現代管理的重要觀念。浪費時間，就是浪費金錢，就是降低效率。應該重視對時間管理學的研究，設立專門的時間管理學課程，讓每一個人都用正確的時間觀念來思考問題，講求效率，充當時間的主人，迎接未來的挑戰。

職業人士節約時間的秘訣：

- 處理公務切忌先做小的、後做大的，應該先做最重要的事。
- 用大部份時間去處理最難做的事。
- 把一部份的事交給秘書做。
- 可以打電話解決的問題就打電話，少寫信，必須寫信時，儘量寫短信。
- 減少會議。
- 擬好工作時間表。
- 分析自己利用時間的情況：多少時間被浪費了。
- 儘量利用空餘時間看文件。

時間是常數，只要運用得當，便能從時間中產生巨大的經濟效益。

時間運籌帷幄的標準

樹立小的目標，會取得小的成績，樹立大的目標，會贏得大的成功。
——戴維・約瑟夫・施瓦茲

眾所周知，人的時間和精力是有限的，如果不在你的筆記本上制定一個順序表，你會對突然湧來的大量事務手足無措。

工作時，很多人都有過這樣的經歷：一會兒要影印，一會兒要接電話……既無聊又浪費時間。從中可以看出，在工作進行時，必須要解決的事情實在很多。在工作職位中，地位高的人可以將瑣碎的事交待下屬做，但是中級幹部可以支配的部下比較少，一些沒有下屬的工作人員或是自己開店的人，影印等瑣事就必須要自己做。

可是，忙於瑣碎的事，往往會影響重要工作的進展。有些人會覺得工作越忙越好，但是忙著瑣碎的事和忙著正事，這中間有很大的差別。即使是同樣花時間工作，其一分一秒的價值卻完全不同。

明確行動目標

一天的事情有很多，有些是迫在眉睫的，有些是可以暫緩的，也就是說，事情都有輕重緩急。

有些非生理需要的事情，就難於判斷出哪些重要而哪些不重要。例如，A和B同時與你預定在八點鐘約會，約誰適合呢？這時候選擇與誰約會，就要看你的目的究竟是什麼。你要找女朋友，而A約你正是這個意思，你會毫不猶豫的與A約會；你需要升遷，B約你也正好是這個意思，所以，你要去會見B。也就是說，要根據自己的某些目標來確定，如果這兩個方面你都沒有興趣，就只好用拋硬幣來決定。

每個人都有自己的目標，有了目標，就會根據自己的目標，把自己一天中要做的事分出等級，然後才可以有條不紊的一件事一件事的做下去。

有一位公司的經理去拜訪卡內基先生，看到卡內基乾淨整潔的辦公桌感到很驚訝，他問卡內基：「卡內基先生，你沒處理的信件放在哪兒呢？」

卡內基說：「我的信件都處理完了。」

「你今天沒做完的事情，又推給誰了呢？」這位經理緊接著問。

「我所有的事情都處理完了。」卡內基微笑著回答。看到這位公司經理困惑的神態，卡內基解釋：「原因很簡單，我知道我需要處理的事情有很多，但是我的精力有限，一次只可以處理一件事情。於是，我就按照所要處理的事情的重要性，在我的筆記本上列出一個順序表，然後一件一件的處理。結果，所有的事情都處理完了。」說到這兒，卡內基雙手一攤，聳了聳肩膀。

「噢，我明白了，謝謝你，卡內基先生。」

幾週以後，這位公司經理請卡內基參觀其寬敞的辦公室，對卡內基說：「卡內基先生，感謝你教給我處理事務的方法。過去，在我這寬大的辦公室裡，我要處理的文件、信件，都是堆得和小山一樣，一張桌子不夠，就用三張桌子。自從用了你說的方法以後，情況好多了。瞧，再也沒有處理不完的事情。」

筆記本成功法

這位公司經理就這樣找到處理的辦法。幾年以後，他成為美國社會成功人士中的佼佼者。我們為了個人事業的發展，也一定要根據事情的輕重緩急，制定一個計畫。我們可以每天早上制定一個順序表，然後再加上一個進度表，就會更有利於我們朝向自己的目標前進，進而邁向成功。

行動五個層次

行動可以分為五個層次：

重要並且緊急、重要但是不緊急、緊急但是不重要、繁忙、浪費時間。

重要並且緊急

這些是必須立刻或是在近期內要做好的工作。例如，老闆要你在明天早上十點鐘以前提出一份報告、你的汽車引擎有堵塞的情形。

現在，除非這些情況都同時出現（老天，請不要讓這種情形發生吧），否則你就可以處理它們。因此，它們的緊急和重要性，要比其他的事優先。如果拖延是造成緊急的因素，現在已經不能再拖延了。在這些情形下，時間管理就不會出現問題。

重要但是不緊急

對這一類工作的注意，可以分辨出一個人做事有沒有效率。

在我們的生活中，大多數重要的事情都不是緊急的，我們可以現在或是稍後再做。在很多情形之下，似乎可以一直拖延下去；在太多的情形下，我們確實這樣拖延著。這些都是我們「永遠沒有著手」的事情。

例如：你要參加提升你專業技術的培訓班，你想找出時間先做一番初步資料收集之後，再向老師提出你的計畫；你一直想寫的兩篇文章；你想開始的節食計畫；三年以來，你一直計畫要做的年度健康檢查；你一直打算要建立的退休計畫。

這些工作都有一個共同點：儘管它們具有重要性，可以影響到你的健康、財富和家庭的福利，但是你如果不採取初步行動，它們就會無限期的拖延下去。如果這些事情，沒有涉及別人的優先工作，或是規定期限而使它們成為「緊急」，你就永遠不會把它們列入你自己優先要做的工作。

緊急但是不重要

這一類是表面上看起來極需要立刻採取行動的事情，但是如果客觀的檢視，我們就會把它們列入次優先的順序。

例如，某一個人要求你主持一項籌集資金的活動、發表演講或是參加一項會議。你或許會認為每一個都是次優先的事情，但是如果有一個人站在你面前，等著你回答，你就會接受他的請求，因為你想不出婉拒的辦法，然後因為這件事情本身有期限，必須馬上做，第二類的優先事情就只好向後移了。

繁忙

很多工作只有一點價值，既不緊急也不重要，但是我們經常在做更重要的事情之前先做它們，因為它們會分散你的心思——它們提供一種有事做和有成就的感覺，也使我們有藉口把更有益處的第二類工作向後拖延。

如果你發現時間經常被小事情佔去，你就要試一下學會克服拖延。

浪費時間

是不是浪費時間，當然是屬於個人的主觀認定。

有人說美國小說家海明威給「不道德」下的定義是：「事後覺得不好的任何事情。」不知道他這個定義是不是可以經得起理論的鑒定，但是這個定義可以用在「浪費時間」這四個字上。

例如，如果我們看完電視之後覺得很愉快，那麼，看電視的時間就用得不錯。但是如果事後我們覺得用來看電視的時間不如用在修剪草地、打網球或是看一本好書上，那麼，看電視的時間就可以歸在「浪費」的一類（不過，根據很多商業人士的標準來看，九十五％的看電視時間都應該歸入此類，因此，下次在你打開電視的時候，很值得你細想一下）。

努力節約時間又做不到的人，經常會把他們的沒有效率怪罪在這一類事情上。不過這不是問題所在，問題是在把太多的時間用在第三和第四類而不是用在第二類事情上。

因此，有必要談談時間管理理論的問題。現在，第四代時間管理理論在前三代時間管理理論的基礎上，兼容並蓄，推陳出新。其中，以原則為先，配合個人對使命的認知，兼顧重要性和急迫性；注重生命的均衡發展；始終把個人精力的焦點放在「重要」的事務上。如何判斷「重要」？重要性與目標息息相關。凡是有利於實現目標的事務均屬重要，

筆記本成功法

越有利於實現核心目標就越重要。

最新的時間管理理論，把事情按照緊急和重要的不同程度，分為A、B、C、D四類。先做A、B，少做C，不做D。方向重於細節，策略勝於技巧。始終抓住「重要」的事，才是最好的時間管理、最佳的節約時間方法。A、B類事務多了，C、D類事務自然就杜絕了，你就會越來越有遠見、有理想、有效率，少有危機。

請在一週內，簡要的記下你所做的A、B、C、D四類事務：

A：重要而急迫
B：重要而不急迫
C：急迫而不重要
D：既不重要又不急迫

時間效力優先原則

> 兩個人從鐵窗朝外面望去，一個人看到的是滿地泥濘，另一個人看到的卻是滿天繁星。
>
> ——佚名

確定工作優先次序有兩個途徑：根據緊急性或是根據重要性。要把主要精力放在可以獲得最大回報的事情上，而不要將時間花費在對成功無益或是很少益處的事情上。

生活是複雜的，每個人都有喜怒哀樂，都有親朋好友，都忍受著無窮的瑣事干擾。完全迴避這些是不現實的，但是，對於一個想要創辦事業的人來說，必須分清楚事情的主次，哪些是需要做的，哪些是不需要做的，哪些事關照一下就可以，哪些事應該乾脆放棄……進而為自己去做最重要的事，留下充足的時間和最多的精力。否則你就是一個不能駕馭時間的人，並且會因此使自己的夢想成為泡影。

建議每一位有心人都可以制定一份自己在一段時間裡的詳盡工作計畫，並且在每天結束前，精確的安排第二天的工作。同時，還要制定一份科學的休息時間表，進而保證自己的一生，始終在精力充沛的從事最有意義的工作。

大多數的人是根據緊急性來確定做事的優先次序，所以他們會花很多時間去救火。

如果你是根據緊急性來確定做事的優先次序，可以分為三類：

- 必須今天做好
- 應該在今天做好
- 應該在某個時間做好，但是還不急

假定你準備兩個月內完成一項工作。明顯的，你不會把這件工作列為第一類，因為還有兩個月的期限。你可能會列入第二類，但是也可能不會，因為還不太急迫。大多數的人會把它列在第三類，直到期限迫近時，你會發現很難找到專家來幫忙，而不能把這件工作做到你想要的詳盡程度。你在心裡責備自己，並且想下次一定要早點完成。但是你還是犯同樣的錯誤，因為到時候你會以同樣的理由，把工作拖延到期限的最後幾天。

一般說來，我們可以根據重要性來確定做事的優先次序，而以緊急性作為次要但也是重要的考慮因素。這需要拿出你的待辦工作表，首先，從「這件工作是不是清楚的有助於達到我一生的目標或是短期目標」這個問題來檢視某一項工作。如果是，就在前面打一個記號，然後按照你要做的先後次序標上數字，標出先後次序的時候要考慮兩個因素：緊急性和時間效益率。

時間效益率只是一種評估方式，使我們認識到某一件工作雖然沒有另一件工作重要，也沒有緊急性，但是做這件工作獲益很大，所用的時間也不多，仍然是有很好的理由先做好它。例如，你一天最重要的工作是擬定一項報告，而需要花大半天的時間。但是你還有一些可以分給別人做的小事，那麼，在你開始草擬你的報告之前，用幾分鐘的時間，把這些小事分配下去，被分配到的人就會有更多的時間去做。這顯然是很有道理的。

「先做重要事情」這項原則也有例外，你會發現，不要在一天的開始做最重要的事情，而是另外分配一段時間，集中精神去做會更好。

在你把標有記號的工作專案編了優先次序之後，也同樣的把比較不重要的事項編上優先次序，然後努力的按照次序去做。你已經有了一個工作計畫，你一天的「產量」將會比你做完一件工作之後，再停下來為要做的事定出優先次序要多得多。

老式的「效率專家」的時代早已經過去了。今天的管理專家從「效力」著手，而效力是一個含意更廣、更有用的觀念。

效率重視的是做一件工作的最好方法，效力則重視時間的最佳利用——這可能包括或不包括做某一件工作。

例如，為了即將召開的一個會議，你有一份必須打電話通知的名單。如果你從效率觀點來看，你就會想什麼時候打電話給他們是最好的時機、是不是要把他們的名字放入自動撥號卡片上以節省時間、這張名單是否是最新的正確資料……但是如果你從效力觀點來看，你就會問自己，打電話給這些人，是不是把時間做最佳的運用，你也許會考慮另一種聯絡方法；你也會考慮把打電話的工作交給別人做；或是把會議取消，以便把時間用在更有用的地方。

健全的時間管理，應該以效力優先、效率次之的觀念為出發點。

珍惜時間的訣竅

> 對目標的追求要量力而行，要著眼於自己的努力，而不要一心只想結果。
> ——阿里．基夫

想要學會活用筆記本，首先要學會珍惜時間的訣竅，因為掌握時間是為了使自己的時間更充實。

每天清晨一張開眼，我們就應該思考今天應該如何度過，以及在自己的人生這個時間軸上要如何定位，這樣才可以好好利用一天的時間，一步一腳印的逐步實現自己的夢想。

我們生活在爭分奪秒工作的社會環境中，我們的願望、夢想、期待與欲望，以及與其相關的計畫，何時做、何時完成，都是在安排每一天的時間中，漸漸累積實現的。它們就是我們要思考如何安排「行程」的材料。

一天只要完成幾件真正重要的事

俗話說：「一口吃不成胖子。」在安排行程表時最必須注意的，就是不能貪心，把自己的行程安排得滿滿的，而沒有重點，這不是一個明智的選擇。因為在這個年代，盲目的忙碌只會使自己身心疲憊，空不出時間思考，缺乏自省，這樣的人只是一個不停運轉的機器。

當然，你可以將行程表安排得滴水不漏，但是，你必須對什麼是真正重要的事，做到心中有數。安排行程表的原則就是，一天只要完成幾件真正重要的事，就足夠了。

一週的計畫也是如此。

絕對不要超過這個限度，這是最理想的！

當然，你的計畫表範圍應該要廣泛，但是絕對不能像百科全書一樣，否則很可能會力不從心。

玫琳凱在創辦玫琳凱化妝品公司初期聽到的一則有關查理斯・施瓦布（美國一家數一

數二的鋼鐵公司總裁）的故事：

一名企管顧問艾維・李對施瓦布說：「我可以教你如何提高公司的效率。」施瓦布問：「費用是多少？」艾維・李說：「如果無效的話，免費；但是如果有效，希望你可以撥出公司因此省下的費用的一％給我。」施瓦布同意說：「很公平。」接著，施瓦布問艾維・李要怎麼做，「我需要與每一位高級主管面對面談十分鐘。」施瓦布答應了。艾維・李開始與所有高級主管會面，他告訴每一位主管：「在下班離開辦公室以前，請寫下六件你今天尚未完成，但是明天一定得做的事。」主管們都同意這個主意，並且在開始實行這個計畫以後，他們發現自己比以前更專心，因為有了這張表，他們會努力完成表上的事情。

不久之後，公司的生產力有了顯著的改善。幾個月後，因為效果驚人，施瓦布開了一張三萬五千美元的支票給艾維・李。

玫琳凱說：「當我聽到這個故事以後，心想，如果這個方法對施瓦布而言值三萬五千美元，對我也會有同樣的價值。」因此，她開始在每天下班前，寫下六件明天要做的重要事情，而且也鼓勵業務員這麼做。

今天的玫琳凱化妝品公司擁有二十多萬個業務員，印製了上百萬份的粉紅色小便條本，每一張便條紙上寫的都是：「我明天必須做的六件重要事項」。

找出可以不做的事並且不去完成它的人，就是有能力的人。巴里特的名句「重要的事，經常只佔整個事的二〇%」，是令人難以想像的真實。這就是時間管理的原則——二〇／八〇原則。生活應該是很單純的。因此，不要把事情「複雜化」。事實上，讓事情變得複雜的，不是別人，而是你自己。

不值得做的，千萬別做

筆記本中每日的行程計畫，並不是所有都值得做，有些可以跳過，有些可以交代給其他人做。最重要的是：不值得做的，千萬不要做！

編劇家尼爾・西蒙決定是否將一個構想發展為劇本前會問自己：「假如我要寫這個劇本，在每一頁都儘量保持故事的原則性，而且可以將劇本和其中的角色發揮得淋漓盡致的話，這個劇本會有多好呢？」答案有時候是：「還不錯，會是一個好劇本，但是不值得花費一、兩年的生命。」如果是這樣，西蒙就不會寫。遺憾的是，大多數人一直要到他們的生涯走了一大段路以後，才開始問這樣的問題，也許是因為年輕時，並不瞭解計畫一旦開始要花費多少時間才可以完成，也不瞭解我們的時間其實非常有限。

時間專家尤金・葛里斯曼的早期生涯確實也是如此：就在他當上一所大學的系主任之後，一個全國性的科學機構邀請尤金・葛里斯曼在他們的年度會議上發表論文。他以為這是有關政治方面的事，於是就答應這個要求，並且花了相當多的時間準備，但是發表會的結果卻令人大失所望。出席會議就是參與這個計畫的那些人，總共四個。經過這次教訓，當天他就下定決心，絕對不再輕易答應任何事情。不久之後，同一個機構又請他將當時發表的內容寫成一篇論文，刊登在他們沒有人看的期刊上，他拒絕了。學校中有許多老師年復一年這樣的發表論文、寫論文，也規規矩矩的將這些活動列在他們的履歷表上。有些人認為，這些人至少做了一點事情，總比什麼都沒做好。拿破崙・希爾認為比什麼都不做還糟。當他們以為他們在做一些事情時，其實他們什麼也沒做，還比什麼都沒做更慘。

下面有四個很好的理由，說明了絕對不要做不值得做的事：

不值得做的事會讓你誤以為自己完成了某些事。就像將沒有人聽過或讀過的論文列在履歷上一樣，你只是對白費力氣沾沾自喜。

不值得做的事會消耗時間與精力。因為用在一項活動上的資源不能再用在其他的活動上，不值得做的事所用的每一項資源都可以被用在其他有用的事情上。

不值得做的事會賦予自己生命。社會學家韋伯說：「一項活動的單純規律性會逐漸演變為必然性。」一段時間之後，人們會說：「我們不應該讓它消失，我們已經做了這麼久。」許多機構、刊物或活動根本就不應該存在，其仍然可以持續存在的原因只是大家已經習慣，有了認同感，如果讓他們消失的話，會有罪惡感。

不值得做的事會生生不息。做了不值得做的事之後，就需要組織一個委員會來監督，最後，還需要小組委員會、管理人員、手冊、指導原則，甚至每年開設訓練營，學習如何將不值得做的事做得更好。

警惕你的「時間盜賊」

> 我以觀察為生，白天所見、所聞、所注意的一切，晚上一一記錄下來，什麼都會引起我的興趣，什麼都會使我驚訝。
>
> ——孟德斯鳩

童年時代的我們往往對於光陰的流逝，少有感觸，每天無憂無慮的生活，天天盼望長大成人，對時間的認識也不深。但是，隨著年齡的增長，時間對我們的價值越來越高。尤其是到了中年和老年階段，隨著體力的下降，總有時不我予、韶華不為少年留的感慨。

根據時間管理學研究者們的發現，我們的時間往往是被下述「時間盜賊」偷走的。

尋找亂放的東西

一項曾經對美國兩百家大公司員工所做的調查顯示，公司員工每年都要把六週的時間浪費在尋找亂放的東西。這也意味著，他們每年要損失一〇%的時間。對付這個「時間盜賊」，有一項最好的原則：分門別類。將不用的東西清理掉，保留下來的東西分門別類的放在固定的地方。

文件處置測驗

你是否清楚知道以下資料的存放位置？如果你無法立即刻對某些題目提供確切的答案，請在題目前打一個「？」。

■ 訂購文具後所取得的帳單。
■ 收到一本管理雜誌，其中可能具有值得閱讀的文章，但是目前你無暇閱讀。
■ 來自主管的會議通知（下週一舉行會議）。
■ 某大學企管系學生寄來的問卷。
■ 部屬交來的（或是你個人的）一份用於準備下一個月業務報告的有關資料。

- 一封需要儘快回覆的信，但是你必須先打數次電話才可以回覆。
- 一位你經常接觸的人告知的新地址以及新電話號碼。
- 公司內其他平行部門的來函。
- 某管理顧問公司寄來的出版物宣傳單，你認為其中一、兩本書也許值得訂購，但是你無法確定是否真正值得訂購。
- 客戶寄來的一封投訴信。
- 人事部門發出的有關員工考核程序的函件。
- 提醒自己明年及早準備財務預算的備忘錄。

假如你在以上題目的前面，寫上兩個或是兩個以上的「？」，就表示你仍然欠缺一套完整的文件處置系統。你最好儘快設計這樣的一套系統來幫助你！

偷懶

對付這個「時間盜賊」的辦法是：

使用筆記本，至少將每天的計畫行程記錄下來，並且保證自己一定可以完成。

工作環境不能家居化。例如，有些人喜歡躺在床上看書，但是溫暖舒適的床，會讓人很快的昏昏欲睡，最終導致學習效率低下。

趁早開始，不要拖延時間。

時斷時續

研究發現，造成公司員工浪費時間最多的是作業時斷時續的方式。因為重新工作時，這位員工需要花時間調整大腦活動以及注意力之後，才可以在停頓的地方接著下去。

惋惜不已或是做白日夢

總是想著過去犯過的錯和失去的機會，唏噓不已，或是空想未來，這兩種心境都是極浪費時間的。

拖拖拉拉

這種人花許多時間思考要做的事，擔心這個擔心那個，找藉口拖延行動，但是又因為沒有完成任務而悔恨。在這段時間裡，他們本來可以完成任務而且應該進行下一個工作。

你是否是喜歡拖延的人？

■星期一早晨，你又為起床感到厭惡，你覺得這對你來說太困難了。

■你明知道染上了一些惡習，例如：抽菸、喝酒，但是又不願意改掉，你經常跟自己說：「我要是願意的話，一定可以戒掉。」

■今天有一個老闆分配的工作，你覺得可能做不完，或是今天太疲勞了，不如明天早上再做，那樣可能精神更好；或是每當你接受新的工作時，你總是感到身體疲憊。

■你想做一些家務事，例如：打掃房間、清理門窗、修剪草坪……可是你卻遲遲沒有行動，你總有各種各樣的原因不去做，例如：工作繁忙、身體很累……

■你曾經傷心於你的失戀，其實你本來可以和那個女孩（或男孩）在一起，共度美好一生。

■你一輩子住在一個地方，你不願意搬走，換換環境。

■你總是制定健身計畫，可是從來不付諸行動，「我該跑步了……從下週一開始。」

■你答應要帶你的孩子去公園玩，可是一個月過去了，你由於各種原因還是沒有履行諾言，你的孩子對你失望至極。

- 你總是盼望旅遊或度假，「或許我明年就可以體驗那樣的生活！」
- 你喜歡當評論員，你總是希望透過評論別人來掩飾自己的無能。

武斷、慌慌張張

與拖拉作風正好相反，武斷是在未獲得對一個問題的充份資訊之前就匆忙行動，以至於往往需要重頭再來。這種人必須培養自己的自制力。

時間被填滿的假象

區分輕重緩急是時間管理中很關鍵的問題。即使是避免上述大多數問題的人，如果不懂得分清楚輕重緩急，也達不到應有的效率。許多人在處理日常事務時，完全不考慮完成某個任務之後，他們會得到什麼好處。這些人以為每個任務都是一樣的，只要時間被工作填得滿滿的，他們就會很高興。

或是，他們願意做表面看來有趣的事情，而不理會不那麼有趣的事情。他們完全不知道怎樣把人生的任務和責任按照重要性排出順序，確定主次。

在確定每一天具體做什麼之前，要問自己三個問題。

我要做什麼？

明確那些非做不可又必須自己親自做的事情。

什麼可以給我最高回報？

人們應該把時間和精力集中在可以給自己最高回報的事情上。

什麼可以給我們最大的滿足感？

在可以給自己帶來最高回報的事情中，優先安排可以給自己帶來滿足感和快樂的事情。

隨時警惕你的「時間竊賊」，不要被填滿時間的假象所迷惑，最簡單的解決方法就是按照上面所說的三個步驟來做。

做好時間管理的十個黃金法則

> 工作中最重要的是提高效率。
>
> ——約翰・愛迪生

做好時間管理並不容易，這裡向你介紹十個時間管理的黃金法則。有了這些法則的指引，用筆記本做時間管理的方法，就會非常容易上手。

分清楚輕重緩急

要事第一，始終做最重要的事。

分清楚輕重緩急，設定先後順序——時間管理的精髓即在於此。

最簡單的工具，往往蘊涵著最巨大的力量！

根據二〇／八〇原則，成功人士都是以分清楚主次的辦法來統籌時間，把二〇％的時間用在最有效率的八〇％上。面對每天大大小小、紛繁複雜的事情，如何分清楚主次，把時間用在最有效率的地方呢？

有三個判斷標準：

我必須做什麼？

這有兩層意思：是否必須做，是否必須由我做。非做不可但是並非一定要你親自做的事情，可以委派別人去做，自己只負責督促。

什麼可以給我最高回報？

應該用八〇％的時間做可以帶來最高回報的事情，用二〇％的時間做其他事情。

什麼可以給自己最大的滿足感？

最高回報的事情，並非都可以給自己最大的滿足感，只有物質和精神的均衡，才可以和諧發展。因此，無論你有多忙，無論你的地位有多高，總需要抽出時間做令你滿足和快

筆記本成功法

樂的事情，唯有如此，工作才是有趣的，並且容易保持工作熱情。

透過以上三個標準的排序，事情的輕重緩急就很清楚了。然後，以重要性優先排序，並且堅持按照這個原則做，你將會發現，再沒有其他辦法比按照重要性做事更可以有效的利用時間。

制定計畫，寫成清單

好記性不如一枝筆，要相信筆記，養成「凡事豫則立」的習慣。

為實現自己的人生目標，制定詳細的計畫清單，包括短期和中長期的計畫，事務要明確具體。我們將在後面介紹具體的方法，同時還有很多小技

在下班前，我要把明天最
重要的六件事都記下來。

巧，幫助大家更容易的學習如何用筆記本做時間管理。

今日事今日畢

人的惰性總是愛拖延時間，凡事能拖就拖，一直撐到不能再拖為止才做完。愛拖延的人總是經常覺得疲憊、心情不佳，因為應該做而未做的工作不斷給他壓迫感。「若無閒事掛心頭，便是人間好時節」。拖延者心裡裝著負擔，因而經常感到時間緊迫。拖延並不能為你省下時間和精力，剛好相反，它會使你心力交瘁，疲於奔命。不僅於事無補，反而白白浪費寶貴時間。

制定每日的工作時間進度表。每天都有目標、有結果，日清日新。今日不清，必然累積，累積就會拖延，拖延必然會墮落、頹廢。

拖延的惡習，說白了是為了暫時逃避內心深處的恐懼感。

首先，恐懼失敗。似乎凡事拖一下，就不會立刻面對失敗，而且還可以自我安慰：「我會成功的，只是現在還沒有準備好。」同時，拖延會為失敗留下藉口，拖到最後一刻，即使做不好，也有藉口說：「在如此短的時間內，可以有如此的表現，已經很不錯了。」

其次，恐懼不如人。拖到最後，可以不做就不做了，既消除了做不好低人一等的恐懼，還滿足了虛榮心（因為可以辯白：「換成是我的話，做得一定比他們好」）。

因此，養成遇事馬上做、把筆記本中當天的計畫做完的好習慣，不僅可以克服拖延，而且可以佔據「笨鳥先飛」的先機。久而久之，必然可以培育出當機立斷的大智大勇。

第一次做好，次次做好

要一〇〇%認真的工作，要全心的工作。第一次沒有做好，就是浪費了沒有把事情做好的時間。如果，你正在做第一次的筆記本時間管理，不要忘記這項原則。

專心致志，不要有頭無尾

上班時，浪費時間最多的是時斷時續的工作方式。不只是停頓下來本身費時，而且重新工作時，還需要花時間調整情緒、思路和狀態。這樣，才可以在停頓的地方接下去做。有頭無尾，更是明顯的浪費。

養成整潔和有條理的習慣

根據統計，一般公司員工每年因為不整潔和無條理的陋習，就要損失近一〇%的工作時間。

養成有條理的習慣，還有另一層意思，就是尋找自己的「生理節奏」。要用精力最旺盛的時間，做最好的、最重大的事，用精力相對不旺盛的時間，做比較不重要的事情。這樣才可以表現真正的品質和高效率，保持能量，節省體力，節約時間。每個人都有自己的生理節奏，符合它就可以事半功倍，否則必將事倍功半。

養成快速的節奏感

克服做事緩慢的習慣，調整你的步伐和行動。養成快速的節奏，不僅可以提高效率、節約時間、給人良好的印象，而且也是健康的表現。日本人就把「快食」、「快便」、「快睡」、「快行」、「快思」、「快說」的「六快」之人，稱為人中之傑。

筆記本成功法

設定完成期限

有期限才有緊迫感，才會珍惜時間。設定期限，是時間管理的重要象徵。

善用零碎時間

爭取時間的唯一方法是善用時間。把零碎時間用來從事零碎的工作，進而最大限度的提高工作效率。例如，在車上時、在等待時，可以用來學習、思考，可以用來簡短的計畫下一個行動……充份利用零碎時間，短期內也許沒有明顯的感覺，但是經年累月，將會有驚人的成效。

為後世留下許多錦繡文章的宋代文學家歐陽修認為：「余平生所做文章，多在三上：馬上、枕上、廁上。」

看來，零碎的時間實在可以成就大事業。

三國時，董遇讀書的方法是「三餘」：「冬者歲之餘，夜者日之餘，陰雨者晴之餘。」即要充份利用寒冬、深夜和雨天，別人歇手之時發憤苦學。他還認為「三餘廣學，百戰雄才」。

分秒不浪費

幾乎所有的偉人都有把想法記錄下來的習慣，筆記本是成功者必備的工具之一。他們用筆記本記錄當天的重要事件和成長學習心得，用筆記本總結經驗、反省過失，用筆記本規劃明天、明確目標，用筆記本管理時間、集中精力、抓住大事……使用筆記本就是在善用生命、設計生命。

第三章：將夢想、行動與思考化於紙上

很多人，沒有將夢想化為具體的目標，所有的夢想只能成為夢幻。

還有很多人，付出畢生的努力，卻無法獲取成功，原因之一就是沒有一個清晰而量化的目標，沒有確定這個目標以後矢志不移、堅持不懈的付諸行動，以及在行動過程中，持續不斷的進行反思。

夢想、行動、思考

> 你可能想做正確的事，你甚至可能想為正確的理由而做正確的事。但是如果應用不正確的方法，你仍然可能碰壁而歸。
>
> ——羅傑・梅里爾

筆記本具有如此重大的意義與影響，但是從小到大，卻沒有人教導我們如何使用它。在學校使用的筆記，只是專供記事用的筆記。如果記憶力強的話，不記筆記也無妨。只要從授課的片段去回想，同樣也可以獲得好的成績。許多人也認為，筆記本只是一個備忘錄，是為了怕忘記或是為了記下之後就可以把它忘記而預備的。不管你擁有多好的筆記本，或是再豐富精緻的新設計本，卻以盲目的方式來使用的話，將沒有任何效益。

很多人，沒有將夢想化為具體的目標，所有的夢想只能成為夢幻。還有很多人，付出畢生的努力，卻無法獲取成功，原因之一就是沒有一個清晰而量化的目標，沒有確定這個目標以後矢志不移、堅持不懈的付諸行動，以及在行動過程中，持續不懈的進行反思。

一個目標應該具備以下五個特徵才可以說是完整的：

- 具體的（specific）
- 可衡量的（measurable）
- 可達到的（attainable）
- 相關的（relevant）
- 基於時間的（time-based）

具體的

目標一定要是具體的。「我將來要做一個偉大的人」，這就是一個不具體的目標。如果想真正成為偉大的人，就必須將目標分解：什麼樣的人是偉大的人？要成為這樣的人，應該採取哪些行動……例如：你想減肥，你就要定出一個目標：每天一定要運動半小時以上，不吃高熱量、高蛋白質的食品。

從明確度來看，目標內容可以是模糊的，例如：只告訴「請你做這件事」；目標也可以是明確的，例如：「請在十分鐘內，做完二十五個題目」。明確的目標可以使人們更清楚要怎麼做，付出多大的努力才可以達到目標。目標設定得明確，也便於評價個體的能力。

有人曾經做過一個試驗，他把人分成兩組，讓他們跳高。兩組人的身高差不多，先是一起跳過了一公尺。他對第一組說：「你們可以跳過一・二公尺。」他對第二組說：「你們可以跳得更高。」經過練習以後，讓他們分別跳，由於第一組有具體的目標，結果第一組每個人都跳過一・二公尺；第二組的人因為沒有具體目標，所以他們之中的大多數人只跳過一公尺，只有少數人跳過一・二公尺。這就是有沒有具體目標的差別。

可衡量的

任何一個目標都應該可以量化或是數字化，你的目標越明確，就可以提供給你越多的指引。再舉減肥的例子，如果你想塑造苗條的身材，就應該考慮：每天我需要做多久的運動？做哪些類型的運動？每組活動各持續多長時間、做幾組？每天可以吃些什麼，不能吃什麼？進食量大概要多少？將目標都詳細的用數字表示，我們的行動就會更有方向。

可達到的

從難度來看，目標可以是容易的。例如，二十分鐘內，做完十個題目；中等的，例如：二十分鐘內，做完二十個題目；也可以是困難的，例如：二十分鐘內，做完三十個題目；或是不可能完成的，例如：二十分鐘內，做完一百個題目。

難度依賴於人和目標之間的關係，同樣的目標對某人來說可能是容易的，但是對另一個人來說可能是困難的，這取決於他們的能力和經驗。

一般說來，目標的絕對難度越高，人們就會越難達到它。有四百多個研究發現，績效與目標的難度水準呈現線性關係。當然，這是有前提的，前提條件就是完成任務的人有足夠的能力，對目標又有高度的承諾。在這樣的條件下，任務越難，績效越好。

多年前，在美國進行了一項成就動機的試驗。十五個人被邀請參加一項套圈的遊戲。在房間的一邊釘上一根木棒，給每個人幾個繩圈套到木棒上，離木棒的距離可以自己選擇。站得太近的人，很容易的就把繩圈套在木棒上，而且很快的洩氣了；有些人站得太遠，總是套不進去，很快也洩氣了；但是有少數的人站的距離恰到好處，不但使遊戲具有挑戰性，而且他們也很有成就感。實驗者解釋這些人有高度的成就動機，他們通常不斷的設定具有挑戰性但是做得到的目標。

相關的

目標的制定應該和自己的生活、工作有一定的相關性。例如，一個公司的員工，整天考慮的不是怎樣才可以做好工作，而是一心做著發財夢，又不肯努力奮鬥，在一天一天消耗中，喪失學習、工作的能力，不思進取，不努力提高工作能力，最終會被公司拋棄，被社會遺棄。

基於時間的

任何一個目標的實現，都應該給定一個明確的時間限制，同樣一個目標，有些人花一年的時間達成，有些人花十年的時間實現，效果是截然不同的。

筆記本成功法

目標確立以後，最重要的是將目標付諸實現。但是「採取行動」，說起來容易，如果做起來也這麼容易的話，我們所有人都可以登上成功的頂峰。只說不做，或是盲目的做，是實現目標的最大障礙。

事實上，很多人距離成功只有一步距離，但是通常就是這一步阻止了人們得到他們渴望的成功。「行動決定一切」，它揭示的是不僅要積極實現，更重要的是，要勇於邁出關鍵的一步，這樣的行動才可以真正決定你是否將會獲得成功。

如果說，你確立了你的人生目標，並且進行無限細分，你每天有行動、有反思、有改進，用思想帶動行動，用行動帶動行動，在行動中思考，在行動中成長，並且形成書面材料記錄在筆記本中，你的成功將是指日可待；即使現在暫時不成功，你也沒有失敗，只是暫時不成功。對成功而言，失敗的字眼太消極了！

我想，如果你將上述一切都做得非常好，那麼，成功不是你所面臨的問題，時間才是你最大的問題。沒有人隨隨便便就可以成功，你的恆心決定你是否可以達到成功的頂點。

人可能距離成功只有一步之遙，此時放棄，終究還是失敗！對成功而言，你付出九十九％的汗水和〇％的汗水沒有任何差別！你只有付出一〇〇％，才可以獲得成功。

小測驗：

回答下面的問題，何種情況最可以代表你的正常行為和態度？（〇：從不，一：偶爾，二：有時，三：經常，四：總是）

一、我可以對自己的想法和感覺進行反思、審視，並且加以改變嗎？

二、當別人對我或是對我所做的事——不同於我對自己的看法，我可以對照個人的自知之明來思考這個回應，並且從中吸取教訓嗎？

三、我是否對於自己應該做什麼或是不應該做什麼，感到有一種內心的激勵？

四、我對自己可以像對他人一樣承諾守信嗎？

五、我有能力按照內心需要採取行動嗎？即使這意味要逆流而上？

六、我有能力制定並且實現自己一生的重要目標嗎？

七、我可以使自己的情緒服從於承諾嗎？

八、我可以規劃未來嗎？

九、我可以設想自己未來的生活嗎？

十、我可以利用想像幫助確立和實現自己的目標嗎？

測試結果：

○～十五分——消極的態度和行為關係，雖然有許多的夢想和人生目標，但是缺乏持之以恆、堅持不懈的行動。

十六～三十分——積極的態度和行為關係，可以為夢想和人生目標的實現，採取積極的行動。

三十一～四十分——十分堅定自己的夢想和人生目標，並且堅持不懈的付諸行動，不會因為外界的干擾而改變。

筆記本的三大部份：夢想集、行動集和思考集

在分析目標時，也必須考慮怎樣實現它們——即採取什麼手段。

——卡斯特

接下來，我們將開始詳述掌握使用筆記本的基本辦法。

通常，筆記本的主要內容可以分為三大部份：

夢想集

你可以在夢想集中記錄你的人生目標，按照實現夢想所需時間的長短，即短期目標、長期目標的劃分方式來歸類，做出各類計畫表。例如：

想做事情表

表單與虛擬實景照片集。這類表單記錄的是你人生的終極目標，具體的內容將在下一節詳述。

夢想與人生金字塔

將夢想分類，並且決定優先順序。

日、星期、月、年、實現表

將未來年表分解成每天、每週、每月、每年必做的表格。

今年的重點目標

將未來年表與對去年反省的結論結合之後，確認今年的重點目標。

行動集

行動清單

將非做不可的事情，定下「何時做什麼」的清單。

珠璣語集

維持圓夢動機的基本信念集。只要看到覺得可以作為參考的名言，都可以寫在這裡，例如：座右銘、名言名句、公司理念……

中長期計畫表

參考行動清單與今年的重點目標，作為以月、年為單位的計畫表。

短期計畫表

參考行動清單與今年的重點目標，做成的以天與星期為單位的計畫表。

日期確認表

用來確認是否有達到短、中長期計畫的確認表。

思考集

會議待行事項

與誰談了（或是將要談）什麼，並且將待行事項列上。

日期確認表

用來確認是否有達到短、中長期計畫的確認表。

專案類別文件

依據專案類別或是專案類別分類整理。

思考確認表

留下自己的思考蹤跡。

雜記

備忘錄、各種電話號碼基本資料、備用活頁紙、便利貼。

在這三個部份中，最重要的是夢想集。因為要實現夢想，與以下幾個條件息息相關：

最簡單的工具，
往往蘊涵著最巨大的力量！

寫在紙上↓強烈相信自己可以達成↓維持動機↓持續不斷努力

打開筆記本就可以看見自己的夢想是什麼，目前與夢想有多少距離，筆記本也可以幫我們一目瞭然。

因此，藉著筆記本，可以幫助我們實現夢想，真的一點都不錯。

夢想集裡的虛擬實境相冊

> 朝著某一天終於要達到的終極目標邁步還不夠，還要把每一步驟當作目標，使它產生作用。
>
> ——歌德

你是不是有時覺得自己所構想的夢想圖景虛無飄渺、若隱若現，或是你的夢想經常隨著環境而改變，不夠堅定，這可不是妥善運用筆記本實現自己夢想的好預兆！

那麼，要如何確定自己真正的夢想，使自己可以為了它堅持不懈、持之以恆的行動與反思呢？

當你開始構想自己的人生計畫時，第一步就是聯繫你生活中最重要的事情；背景、環境有重要意義。考慮一種人生全景的圖像吧——你最在乎什麼，什麼使你的生活意義深長。關鍵在於你對下面三個問題，是否有比較清晰的構想：

問題一：什麼是最重要的？

問題二：什麼使你的生活有意義？

問題三：你想在自己的一生中成為怎樣的人，做出什麼大事？

這些問題必須清晰，因為它會影響其他的一切——你的目標、你的決定、你的思維模式，以及你如何度過自己的生活。如果你還沒有自己的夢想，你可以透過下述做法，體會什麼事對你意義重大：

行動一：列出三或四項你認為是你生活中的重要事物。

行動二：考慮你的長期目標。

行動三：想想自己生活中最重要的人際關係。

行動四：思量你想做出的貢獻。回想你希望擁有的感覺——平和、自信、快樂、奉獻精神和生活的意義。

行動五：如果你只剩下六個月的生命，你想如何度過。

考慮清楚這些問題以後，就把它們整理成你的夢想，記錄在你的筆記本！當然，看得見的、摸得著的夢想，比較容易實現。因此，一個比較有趣的方法就是，將夢想集裡的夢想，用虛擬實境照片表現出來。

例如，當你想要買一棟獨棟別墅，可以在房地產公司的宣傳單上，貼上自己的全家福照片，並且把這份虛擬實境的傳單，貼在之前提到的夢想集「想做事情表」中。

如果你的目標是把英文練到頂尖地步，就把財經雜誌裡知名ＣＥＯ與華人ＣＥＯ會晤握手的頁面，貼在夢想集裡，以鼓勵自己有朝一日達到那樣的境界。

換言之，只寫「想做什麼」的效力不大，要加以視覺化而且細分化，並且寸步不離，這樣的筆記本才有追夢的力量。

目標的偉大力量

有名的旅館業者康拉德·希爾頓，將他的成功，全部歸功於目標的魔力。

經濟蕭條打擊了希爾頓。自一九二九年股市大崩盤以後，沒有人想要旅行，就算有，他們也不會住進希爾頓在二〇年代中收購的那些旅館。到了一九三一年，他的債主威脅要撤銷抵押權。

不但他的洗衣店被典當，他甚至被迫向警衛借錢以糊口。在這潦倒之際，希爾頓偶然看到華爾多夫飯店的照片：六個廚房、二百名廚師、五百位服務生、二千間房間，還有附屬私人醫院與位於地下室旁邊的私人鐵路。他將這張照片剪下來，並且在上面寫上「世界之最」。

希爾頓事後形容一九三一年：「那段迷失而混亂的日子，真是連想都不敢想。」但是那張華爾多夫飯店的照片，自此就保存在他的皮夾裡，一直激勵著他努力奮鬥。當他再度擁有自己的書桌以後，他就將照片壓在書桌的玻璃板下，隨時看著它。在事業漸有起色而且買了新的大桌子以後，他仍然把那張珍貴的照片放在玻璃板下面。十八年後，一九四九年十月，希爾頓買下了華爾多夫飯店。那張照片使得希爾頓的夢想有了具體的雛形，讓他有一種可以全力以赴的目標。那張照片就像是一張提示卡，不斷的激勵他向目標邁進。

荷馬・賴斯和希爾頓一樣，也是一個因為目標而成功的人。荷馬・賴斯是喬治亞科技大學黃夾克隊的常駐運動總監。因為賴斯的成就斐然，美國全國大學運動協會的同僚們以他的名字設立一個獎項，每年頒發給全國最優秀的運動總監。賴斯發跡於肯塔基的鄉下中學，後來轉到一間較大的中學，繼續他的教練生涯。在那兒，他締造了輝煌的記錄：一〇一勝、九負、七平，七季全勝，五十場連勝以及連續五年的冠軍。之後他更上一層樓，當上大學教練、專業教練和大學的運動總監。

他是如何做到的？一開始，賴斯讀遍所有可以找到的有關成功的書，他發現許多書都建議讀者寫下希望達成的事情：你的渴望、目標及夢想。年輕的賴斯依樣畫葫蘆，並且在旁邊寫出達成目標的日期，以及達成目標的計畫。像奇蹟一般，賴斯一步步的完成他所定下的目標。他對這種結果非常滿意，因此也教他的隊員們這麼做。多年以來，他仍然樂此不疲。

賴斯有時會被邀去發表演講。有一次，他給同學們看一組卡片，然後告訴同學們：「上面都是我的目標，一張一個，我都隨身帶著。當我等著登機時，就會將卡片拿出來溫習，而且真正的樂趣在於實現這些目標。」他相信目標應該要清楚而明確，而且每天至少大聲念出兩次，必將有助於將這些目標融入潛意識裡。他說：「有耐心，放輕鬆，保持信心，應該是你的，自然跑不掉。」

行動集裡的時間週期與短、中長期計畫表

讀書可以培養一個完人，談話可以訓練一個敏捷的人，而寫作可以造就一個準確的人。

——培根

一般而言，短期是指一年以內的期間，長期一般超過五年以上，而中期介於兩者之間。短期計畫包括每日計畫、每週計畫，也可以稱為行程表，中長期計畫通常以月為單位，或是以年為單位。無論短期計畫，還是長期計畫，記錄行動集的內容都是為了實現夢想。

你必須事先知道一個月以後有哪些重要的客戶需要拜訪，而預做準備。有些人甚至

會預估他們長期計畫表上每一個計畫需要花多少時間完成，然後再利用這些週計畫、月計畫，甚至年計畫表來製作每日計畫表。

因此，做好中長期計畫是短期計畫的基礎，但是也不要太小看短期計畫中的日計畫或週計畫而無心做好記錄，如果沒有好好的實現它們，中長期計畫做得再好，也於事無補。同時，你最好把行動過程中的注意事項寫入珠璣語集裡，時時提醒自己。

舉個例子，如果你今年的目標是減肥，那麼，在以天為單位的短期計畫表中，就要寫上「每天慢跑一小時」。但是，如果慢跑一小時之後，喝了一瓶啤酒，就等於前功盡棄。所以，要在珠璣語錄集裡寫上戒酒，並且把「只喝低卡飲料」的戒律寫在便利貼上，每天貼在新的一天的短期計畫頁面上。這樣一來，珠璣語集與短期計畫表才可以相輔相成。

在行動集中，最重要的是將我們的時間，按照長短做出週期性的安排，這樣有利於我們可以合理的利用不同階段的時間來做短、中長期計畫表。我們將先從一天的週期來考慮時間的週期。

一天的週期

你如何安排一天的時間？你在一天內要做些什麼？

每天都有固定的二十四個小時，如果我們將一天的時間，看成幾個單位的集合的話，會比較容易安排和分配時間，並且做好每日的短期計畫，也就是行程表。

如果可以掌握一天的結構與週期，就可以對自己一天的行動，在大腦中產生大致的一個安排。

這就意味著，每天你對自己在一天的時間內可以做什麼、在什麼時間段裡完成，都可以做到心中有數。有了這樣粗略的安排，你就可以藉此思考，自己能否又有能力做到這些事，並且還不浪費時間。

從人的生理和心理角度考慮的話，以兩個小時為單位，是一個比較適當的單位時間。當然，這個單位時間，會因為個人的職業的不同而有所變化。總之，是因人而異的。

瞭解自己身體的週期（早起型、晚睡型），並且配合之。創造出自己的時間週期，就可以更有效率的運用時間。

請注意，把時間分割為幾個單位，並不單只是嚴格照此一絲不苟的行動，這樣做的目的，只是有助於我們可以合理的安排時間。

我們應該在實行的過程中，用自己的眼睛、自己的頭腦去看時間，遇到問題時，多看看，多想想，相信一定會有一些意想不到的發現。藉著這樣的過程，使我們產生足以創造有創意的生活的眼光。

早上一個單位時間（以兩個小時為單位），下午一個單位時間，晚上一個單位時間，通常是工作、學習效率較高的時間。在自己的生理範圍內，合理的利用這些時間，將會讓你省時、省力的完成一個個任務。

只要思考今天要在哪個單位時間做什麼事，日計畫的時間表安排就算完成了。

掌握一週的週期

在掌握一天的週期與結構以後，再來掌握一週的結構與週期就可以了。

一週的週期實際上是一天週期的集合。首先將一天的時間週期化，才可以更好的做好一週的時間安排。如果每天的計畫較為平淡，或偶有高潮，那麼，一週的計畫只要依日計畫的時間表，就可以輕而易舉的完成。

使你日常生活週期化，就是你逐步完成計畫與時間表的要訣。

月週期與年週期，因為週期較長，面對的不確定因素比較多，對我們而言，是較難把握的，比較起來，一週在感覺上比較容易掌握。掌握這種讓人有概念的時段，就是安排時間表的竅門。

事實上，以週為單位時，即使其中的一天被浪費，仍然有機會使這一週充實。

以天為單位的時間有時太短了，某些任務或許很難在一天之內完成，但是如果以週為單位，就可以七天為一個週期來分配每一天的性質，甚至有時一天都玩樂也沒有關係。

但是如果以星期幾來決定每天的性質，例如：快樂的星期五，繁忙的星期四、運動或文化的星期三、旅行的週末等，已經相當一般化了。

以一週為單位來安排生活計畫，是說最好在星期幾開會或商談，在星期幾最好可以看書或上課……給每一個日子一個獨特的個性。

透過思考可以直接用做時間表的筆記，只要在各欄的左上角寫上日期即可。

你的一週，是怎樣的呢？

月計畫就是模擬安排各課題的時間表

通常筆記本上的月時間表，每個月只有一張。

如果你的日常生活是比較有規律的，那麼，你只要記錄一些固定的事，用一張紙就夠了。但是如果你想把自己的活動安排得更豐富、更積極，就必須留出足夠的空白之處，嘗試一些類比或錯誤，隨心所欲多用幾張，會比較方便。

所以，如何在筆記本中記錄月計畫，同樣也是安排時間表上的訣竅之一。

如果只有一張月計畫，你就可以在筆記本上，用彩色筆將計畫標出，根據個人的喜好，隨心所欲的安排許多不同的月計畫。

你也可以打破一個月一張時間表的方法，依照計畫來做時間表，也可以將時間分為公或私來安排。這樣，在你的私人時間裡，就可以想出一些新的生活方式，使自己的日子過得更充實、更有樂趣。

但是月計畫表絕對不能成為行動的計畫表。

要記住，每天的行動仍然應該思考，因為月計畫只是幫助你預見這個月將會發生的事，或是提醒你本月的約會，只有每日的計畫才可以成為行動的計畫表。

以年計畫來掌握寶貴的光陰

一年有五十二週，以週為單位，製造一些變化。因為每週都各有特色，生活也隨之多彩，自然就不再是一成不變的蒼白歲月。這種設計，就是充實人生的智慧。

如果更極端的話，一年只需要一個年度計畫，以及一週或一天就足夠了，其他的設計紙沒有也無妨。

因此，我們需要一個年度計畫指引。

年度計畫指引詳細的標出工作計畫及假期，使我們可以好好掌握一年的時間。我們可以根據這個年度計畫指引，重組我們對時間的籠統印象。在什麼時間應該做這件事，又快到了應該做那件事的時候，在這週休假怎樣呢？……

以這種方式，將一年的時間計畫區分出來。

只要仔細思考，就會明白的。結合計畫與時間表，可以賦予抽象的概念一個具體的形式、一個行動性的印象，使時間可以更有效的被運用。

請將一年——這一個長而抽象的時間，與今天一天的行動這個具體概念相結合。在其中，亦可使用月或季，甚至更短的週等時間的單位。

筆記本成功法

如何選取時間的單位，以及如何使各單位連結，就是結合計畫與時間表的秘訣。

這不僅是將時間的單位分割成長與短的技術性的問題，還會因為個人的生活方式、想法、工作，而產生很大的差異。

因此，知道自己的「時間的週期」，或是去創造它，就是善用時間的秘訣。

在筆記本的運用過程中，週計畫的制定是最頻繁、時間週期長度最合理的一種，我們將在後面詳細的解釋，並且重點介紹週計畫的制定方法。

許多善用時間的成功人士，都會規劃長期計畫表。

我是不是對自己
太過苛求了？
TIME
STRESS
FAMILY

思考集的常用方法

成功者與失敗者之間的區別，經常在於成功者可以從錯誤中獲益，並且以不同的方式再嘗試。
——卡內基

筆記本的內容龐雜，究竟要如何分類？這就是思考集中專案類別文件的功能。

作為一家公司的經營者，他的筆記本可能分為人事、資金、併購、組織、投資人關係、資本政策、新事業研究、家人八個部份。每個部份都加入思考確認表的活頁。

例如，新事業研究這個類別，經營者以成長性、將來型、新奇性、成為第一名的可能性、能否取得專利權、競爭者是誰、大環境面、能否獨佔、能否發行上市、必要的員工人數等觀點分析，然後用幾個記號，例如：「○」、「╳」、「△」評估。所以在筆記本中，必須保留出足夠的空間。

惠普公司的前CEO卡莉・菲奧莉娜對付瑣事的方式就是分門別類，她的辦公桌上有成千上萬的便條紙、信件、推銷函。

當記者問她如何處理，她回答：「分類。」

對於每一張紙，卡莉儘量只要處理一次就好，如果她拿起一張紙，不論是信件、便條紙或是報告，她就會隨手把它處理好，不會什麼都不做又放回去。

卡莉將文件分成三類：

第一類：需要立刻處理的專案

第二類：不緊急但是很重要的文件

第三類：可以在空閒時候閱讀的文件

所以，事實上，有些文件她還是處理了兩次，一次是看它們屬於哪一類，第二次則是實際處理文件的時候。不過她不會像許多人一樣，將那些文件一再的拿進拿出。將文件分成三類似乎不是什麼重要的技巧，只要一拿起信件就馬上處理好也不是很特別，但是，這個觀念卻是建立在深厚的基本原則上。

為了使思考集的計畫確認表可以發揮作用，我們首先應該在計畫專案旁註明日期與時間。時間日記並不總是靈丹妙藥。只有真正下決心完成計畫表上的事，時間日記才可以達到大的作用，而下定決心的最好辦法，就是制定完成計畫表上每項工作的時間。

大多數人的工作日記只是用來記錄會議和約會，卓有成效的經理人們則是利用以半小時做劃分的工作日記，規劃工作及約會。

如果你只將訪客和會議記錄下來，一旦你的工作日記上沒有任何記錄時，似乎你一整天都有空接待訪客。其實，這就大錯特錯了。

重要的工作和訪客、會議一樣，都應該全部記錄下來。拿破崙・希爾認為：「**只有在備忘錄上將工作時間安排好以後，才可以真正完成這些工作。**」

思考集還有一個部份是會議待行專案集要。開會時，打開筆記本的這個部份，將自己必須做的事情、需要解決的課題，還有希望對方完成的事情，用條例的方式寫出來，然後在每一項前面加上方框，一旦日後完成，就在方框中打勾。下一次會議時，攤開上次的會議活頁，還沒有處理的事情可以一目瞭然，也可以增加會議的效率。

第四章：讓筆記本開始為你工作

在我們的筆記本中，總會有一些個人的隱私不希望別人看到。解決這個問題的方法，可以採用靈活運用密碼、暗記符號的方式。

這樣，別人就看不懂你的內容。不過，自己一定要記著這些符號的意思，要不然，會適得其反。

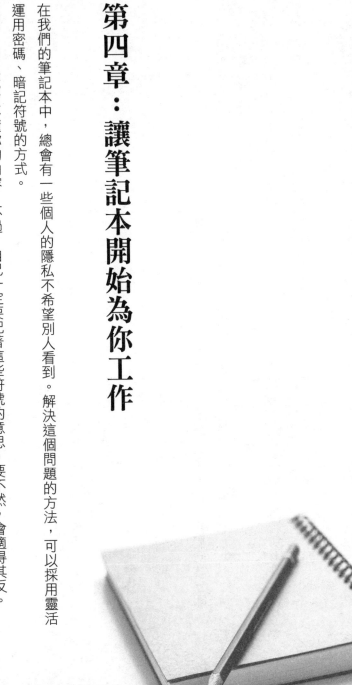

活用筆記本的基本方法

> 當你想清楚如何做的時候，已經成功了一大半，剩下的工作就只是按部就班的實現它們。
>
> ——歌德

翻開筆記本，首先映入眼簾的是個人資料資訊庫。在購買筆記本以後，我們應該立即在此寫上自己的姓名、聯繫方式與住址，這樣做是為了以防萬一，即使筆記本丟失，撿到的人也可以按照這些信息找到失主。

第二，在筆記本的扉頁上，可以留下你的座右銘或是人生的夢想。在你遇到困難、想打退堂鼓的時候，可以翻開扉頁時時提醒自己、鞭策自己。

另外，有些筆記本本身帶有夾袋，我們也可以充份的利用它。例如，放一些重要的便條紙，或是重要人物的名片、資料，或是一些經常使用的資訊，把這些東西放在筆記本的夾袋裡，可以讓我們非常方便的使用它們。

筆記本最主要的功能是記錄每天的行程和計畫，從效率的角度考慮，記錄的內容自己能讀懂就可以了，可以使用省略句或是符號，儘量要使記錄的內容簡潔、易懂。當然，不能貪圖簡便，把整個筆記本寫得亂七八糟，反而自己看不懂所記錄的內容。

在我們的筆記本中，總會有一些個人的隱私不希望別人看到。解決這個問題的方法，可以採用靈活運用密碼、暗記符號的方式。這樣，別人就看不懂你的內容。不過，自己一定要記著這些符號的意思，要不然，會適得其反。

角色的扮演與衝突的平衡

> 不要買自己想買的東西，而是要買自己需要的東西；不需要的東西即使只花一分錢，也是昂貴的。
>
> ——卡托

在現實生活中，我們經常聽到以下的感歎：

我很想照顧家人、事業有成，但是公司並不認為我認真想要晉升，除非我每天早來晚走、週末加班。

回家的時候，我已經筋疲力盡。我的工作太多，根本沒有時間和精力來照顧家人。但是家人需要我，要修理自行車、要給孩子講故事、要幫助孩子做作業、要和家人商量重要事務，而且我也需要他們。如果沒有與家人們在一起，圓滿的生活又在哪裡？

我想做一個好鄰居，我想對社區有所幫助。

我需要時間來鍛鍊、閱讀、或是有點時間獨自思考。

……

生活中的角色衝突真是隨處可見，如影隨形。

最經常提到的是工作與家庭之間的角色衝突，最經常說出來的痛苦是各種人際關係和個人成長方面的缺失。人們經常說：「我無法那麼快的做事，每天應付生活的各個重要方面。總有某些重要的事務無法完成。我做得越快，我越覺得失去平衡。」

顯然，平衡是一種藝術，但是，我們應該如何培育自己生活中的平衡呢？是否簡單的只要儘快做事以便每天應付生活的各個方面就可以了呢？是否還有其他有效的途徑，以便更徹底的使我們的生活改觀呢？

別著急，先花一點時間在筆記本中找出你平常所扮演的角色。

首先，把你認為適合的角色都列出來，不要過份考慮如何一下子就把它們都搞對了。你可能要花幾週的時間，才可以完全把握自己生活的各個方面的角色，並且讓它們行之有效。例如，你可能更換自己的職業、參加某個俱樂部、結婚或是做了父親或母親，隨著這些變遷，你的角色也會發生變化，那麼，如何確認自己的角色呢？你可以嘗試下面的方法：

家庭生活中的角色扮演

你可以簡單的把家庭角色定義為「家庭成員」；你也可以選擇把它分成兩個角色「丈夫」和「父親」、「妻子」和「母親」、「女兒」和「妹妹」。

職業生涯中的角色扮演

職業，可能包括若干個角色：一個是管理階級的、一個是銷售階級的、一個是人事階級的，以及一個是長期規劃階級的。你可能還希望有一個反映個人成長的角色。

一個產品開發執行者，可以這樣定義他的角色：

個人——個人發展、業餘愛好、父親、家庭管理、父母。

經理——新產品、研發、員工成長、行政管理、協會主席。

推銷員——財務行政管理、房地產……

其次，如果尚未確認自己的角色，請在筆記本上，寫出下面問題的答案。考慮下述問題：

■ 是否發現一個或是兩個角色佔用了我的大部份精力，其他角色卻沒有得到我本來想給予的時間和關注？

■ 有多少我的「要事」，位於這些沒有得到我大部份時間和關注的角色之中？

■ 我所選擇的各個角色，是否共同做出貢獻已實現我的夢想？

■ 以週為單位考慮角色，並且保持各項活動之間的適當平衡，對於我的生活是否圓滿，會產生怎樣的影響？

這些問題是否對你確認自己的角色有一定的幫助呢？當你認識到自己的角色應該如何扮演之後，我們可以因此有效的安排自己的時間。

你怎樣看待這些角色？許多西方人從小受到的教育，就把他們看作生活中不同獨立的「部門」。我們在學校去不同的班級，我們上各自獨立的課程、各有各的課本。我們在生物學中得了A，在歷史課中得了C，我們從來沒有想過這兩者之間有什麼關係。我們把自己的工作角色看作是獨立的，與家庭角色毫無關聯，與其他的角色，例如：個人成長或社區服務，也同樣沒有什麼關係。

事實上，生活是一個不可分割的整體，平衡是生活和健康的要素。生活的平衡不是在於很快處理事物以應付生活。它是一種動態平衡，我們所要做的就是使各個角色之間互相合作，增加效率。

同樣是帶女兒去打網球，我們可以從實現個人成長目標的角度，把它看成是一項鍛鍊，也可以從履行父親角色的角度，把它看成是與女兒之間的親子互動。如果要視察一個工廠，還要訓練一個助手；我們盡可能把與助手一起視察工廠，看作是訓練助手的一個途徑。

如果我們把角色看作是生活上分離的部份，我們陷入的是時間匱乏的心態。只有這麼多時間。時間花在這個角色上，意味著它無法花在其他角色上。其實，每個角色都是重要的。一個角色的成功，並不能證明我們可以接受在其他角色上的失敗。事業上的成功，不能證明婚姻允許失敗；人際的成功，也不能證明可以不盡父母的責任。在任何角色上的成功或失敗，都會影響其他各個角色的品質和整體生活的品質。

每週寫出自己的角色，可以讓它們刻在我們的意識中，可以幫我們注意自己生活的所有重要領域。但是，這並不意味著我們要每週在每一個角色中都設定一個目標，也不意味著每週我們的角色都是同樣的，或是我們每週都要應付所有角色。有時，我們需要在短期內，把注意力集中於生活的某個方面，這可能有利於我們的人生目標；這種不平衡就是平衡。

任何有關平衡的抉擇，其關鍵因素是與自己內心良知深刻聯繫。因為我們所生活的周圍，只關心人們的作為而不管其為人如何，我們很容易變得失去平衡，而不再關心自己的夢想與目標。我們的行動根據只是緊迫與否，而不再是依據我們的目標了。

我們生活的每個角色，都有四個基本層面：身體層面（它要求或創造資源）、精神層面（它緊密聯繫於目標）、社會層面（它涉及與其他人的人際關係）、智力層面（它要求學習能力）。當我們回顧自己的角色時，我們既要看到實現目標的精神層面，也應該注意健康、家庭、朋友等方面的角色平衡，合理的分配自己的時間。

善用符號和圖形

很難說什麼是做不到的事情，因為昨天的夢想，可能是今天的希望，而且還可以成為明天的現實。

——羅伯特

雖然前面所敘述的方法，可以讓筆記本看起來容易閱讀。但是如果要使筆記本看起來比較簡潔，還應該再多花一點心思，使自己能以輕鬆的心情往下看，並且採取行動。如果能以條列的方式記下內容，會使自己可以在短時間內，瞭解下一步應該做什麼。

以本書為例來說，所有的內容幾乎都是以條列的方式構成。如此一來，就可以在短時間內，讓讀者瞭解文章的內容。

筆記本成功法

但是，雖然將要點條列式就已經足夠，但如果是每天的行程或是項目太多，可以多達十項甚至二十項，會使筆記本顯得雜亂無章。最好的方法就是將內容分類標記，使重點更可以一目瞭然。例如，我們可以將一天的時間分為：工作時間、娛樂時間、交際時間、休息時間，在每個時間板塊中分配時間。或是簡單的將時間分為工作前、工作中、工作後三部份，無論怎樣分，都因人而異，依據個人的喜好。

以條列式的方法記錄在筆記本上，可以非常清楚的表現重點，但是如果時間比較緊急，要求快速的記錄內容的話，最簡潔的方法還是用圖解的方式。

和田裕美曾經在美商保險業服務，有世界第二名的保險業務員之稱。她與眾不同的筆記本使用方法，是將一週的計畫結束於週一，開始於週二。事實上，保險人員要做到週末假日的拜訪比平日多，才可以接近成功。這也是她的業績不同於別人的原因。

由於當時保險業的特性是，以一週的成交人數決定佣金。和田裕美在管理手下保險人員時，是以數字加上圈圈，記在公司的筆記本上，掌握大家的成交件數，如果這位部屬本週談三件，其中一件成交，那就用一個紅圈圈，另外兩個用黑圈圈，這樣就可以一目瞭然本週的成交件數。如果此人連續數週長黑，那就要特別注意。這種將量化的資訊，以視覺聯結的方式，可以說是筆記本上運用簡略符號的訣竅之一。

從科學的角度分析，人的大腦是由兩部份組成的。左半腦負責邏輯、辭彙、數字、順序、分析。右半腦負責空間意識、形態（整體概念）、節奏、想像、色彩。

請回想一下你是如何記事的？如果從頭到尾只有純粹的文字，那麼，在一整天的學習時間裡，大腦的左半球負責識別辭彙資訊的腦細胞，都在奮力的超負荷工作，大腦右半球負責顏色和形態的腦細胞卻一整天都在休息。結果，白白浪費了世界上最偉大的「超級電腦」的潛能。

相關資料顯示，歷史上很多「傑出的頭腦」都是左右腦發展不平衡的。例如，愛因斯坦和其他一些偉大的科學家，他們的左半腦特別發達；畢卡索等偉大的藝術家，則是右腦佔主導地位。

但是，達文西在繪畫、雕刻、解剖學、建築學、機械學、物理學、天文學等方面，都取得非凡的成就。他證明兩個半腦協同工作，會做出更驚人的事情。

根據介紹，思維導圖的發明者東尼・博贊在上學時，曾經努力的記筆記，卻發現記得越多，腦子越亂。為了改善記憶，他開始用不同的顏色在筆記上做標記：畫上符號、圈或是框。果然，這個方法大大的提高學習效率。

東尼・博贊上大學以後，對希臘有極高的熱情和好奇，東尼・博贊注意到善於思辨的希臘人的記憶體系：想像（Imagination）和聯想（Association）。這給東尼很大啟發。

大部份人的筆記，都是最乏味單調的東西，跟想像和聯想都沾不上邊。但是另一些學生的筆記卻記得非常潦草，到處畫滿箭頭，句子也不成行。但是這些看來凌亂的筆記，從資訊角度講卻是整潔的，它們可以及時的顯示重要的概念，以及其之間的聯繫。那些看起來整潔的筆記，按照直線順序組織資料，從資訊角度講，其實是雜亂的。在那些整潔的筆記中，關鍵資訊是隱蔽的，並且混雜在一些不相干的詞語中。

各圖形的意義各有不同，在使用圖形時，可以在腦中先統一其規則。例如：

- 長方形：處理、作業／組織、部署／表示具體的概念
- 橢圓形：沒有實體的群組／表示抽象的概念
- 菱形：表示判斷
- 圓柱形：表示資料庫
- 線形箭頭：表達順序的前後關係／移動、流通／表示作業的起點和終點

最簡單的工具，
往往蘊涵著最巨大的力量！

■ 空心的箭頭：表示變化的前後

■ 實心的箭頭：表示因果關係、影響

■ 三角形：表示作業的前後關係

因此，我們如果可以和諧而巧妙的運用各種符號、圖形，將會比單調的記錄產生更大的效率。

這個有規劃的假期，真是太棒了！讓我們好好的來享受這個假期吧！

用顏色表達目標的輕重緩急

> 時間會刺破青春的華麗精緻，會把平行線刻上人的額角……什麼都逃不過它橫掃的鐮刀。
>
> ——莎士比亞

當我們面臨選擇花費時間的方式時，經常會出現一個問題：緊迫性和重要性。很少有人認識到緊迫性對我們的選擇影響有多大。電話響了，孩子哭了，有人敲門，最後的期限到了……

「我現在就要。」

「我現在有麻煩，你可以馬上過來嗎？」

「你約會遲到了。」

緊迫性會在多大程度上左右我們的生活，建議你用幾分鐘時間，看看以下緊迫性指數所反映的緊急情況引發的態度和行為。你對以下陳述的反映所對應的指數，代表著你透過緊迫性模式對待生活的程度。在閱讀每一個陳述時，請在最可以反映你情況的數字上做記號。

緊迫指數

閱讀下列陳述，何者是最可以反映你正常行為或態度的數字？（〇：從不，一：偶爾，二：有時，三：經常，四：總是）

一、我在壓力下似乎做得最好。
二、我往往把沒有時間自我反省，歸咎於外來事情緊迫。
三、我經常對周圍的人和事慢吞吞感到心煩。我討厭排隊等候。
四、我對自己請假不上班感到內疚。
五、我似乎總在忙碌著。
六、我經常發現自己把別人趕走以後，才可以完成任務。

七、和辦公室失去聯繫幾分鐘，我就會感到焦慮。
八、我做著一件事，但是經常想著另一件事。
九、我處理緊急情況的狀態最佳。
十、對我來說，快速的處理新的危機，似乎比按部就班的取得長遠效果，更有成就感。
十一、我經常放棄生活中享受美好時光，而去處理危機。
十二、我認為，如果我為了處理危機，而讓他們失望或將事情放任不管，他們會理解。
十三、我靠處理緊迫事情，使自己的日子過得有意義。
十四、我經常一邊吃飯一邊工作。
十五、我一直在想，有朝一日我可以做自己真正想做的事情。
十六、每天下班時，滿滿的文件夾讓我感到自己很能幹。
閱讀緊迫指數以後，計算出你的總分，用以下的答案衡量自己：
〇~二十五——緊迫思維定式低

二十六～四十五——緊迫思維定式強烈

四十六以上——嗜急成性

如果你的回答得分大都很低，那麼，緊迫性在你的生活中，或許不是一個重要因素。如果得分大都處於中等或比較高，緊迫性很可能是你基本的行為模式。如果你的得分總是很高，緊迫性可能就不是你所認為的那樣，這可能實際上是嗜急成性。

我們從解決緊迫和重要的危機中，得到暫時的快感。如果事情不重要，其緊迫性就成為非常重要的因素。問題是，對於很多人來說，緊迫性而非重要性成為他們生活的主導因素，他們只沉湎於應付緊迫的事情，卻沒有停下來問

看來，我用了太多的時間在公事上，我需要好好的休息一下。

筆記本成功法

問自己，所做的事情是否真的需要。這樣做是不是只會使自己在偏離夢想的軌道上越走越遠。

因此，最實用的時間控制技巧就是，以事情的重要性程度為順序安排時間，先做最重要而緊急的事情。

有沒有什麼方法可以清晰的表達出事情的重要性和緊迫性？有，用顏色！

前面我們提到用顏色區分記錄的內容，當然，彩色的版面會讓整個筆記本顯得活潑生動。但是必須要留心的是，若只是一股腦兒的大量使用各種顏色，不僅不會有效果，反而會給人不好的感覺。

日本明治大學一位教授，出版了許多學習日文與加強邏輯思考的書籍，在教職與筆耕兼顧的繁忙生活中，他以三色法管理資訊與形成。

他的三種顏色分別是紅、藍、綠。

紅色代表最重要，藍色表示次要，綠色表示自己的想法或是相互關係。

他所使用的筆記本，左頁是一星期的計畫，右頁為空白頁。這樣，就可以將與誰談話中獲得什麼經驗與想法，直接以紅、綠、藍筆，以關鍵字寫在右頁，並且用方框圈起，找出彼此的關聯性，並且立即與左頁的行程對照，知道這個想法是從哪裡聽來的。

也可以將三色法活用到行程管理上，紅色是最重要的待辦事項，藍色是不可忘記的次要待辦事項，綠色是與自己有關的事情，例如：興趣或嗜好。

我留給工作的時間是否太多了，留給自己的時間是不是太少了？

這位教授指出，筆記本上每天在紅、藍的空隙之外，一定要有綠色的部份，因為這是留給自己的時間，如果發現綠色的比例太少，就要注意是否工作過頭了。如果你的工作很難劃清公私界限的話，就把綠色當作工作的延長線，或許也是一個確保興趣發展的方法。

另外，三色法的記錄方式，也可以應用在日常生活上，例如，他看書也使用三色筆圈出最重要的重點，次要的重點與自己的想法或脈絡關係。又例如，他參加演講或座談會時，也不自覺會在腦中用單色筆區分什麼是最重要的重點（紅筆），什麼是次要重點（藍色），什麼是相互之間的脈絡關係與自己的想法（綠色）。也就是說，眼睛看到的，耳朵聽到的，都可以用三色法立即辨別重要程度與脈絡關係。

美國某企業ＣＥＯ凱柯波洛維茲也是運用顏色來做管理，她將文件歸入六個色彩鮮明的文件夾中，公司內部的便條紙、外來的信件，都各自放在同一個顏色的文件夾中。不同的機構有不同的顏色文件夾，他們都知道那些顏色所代表的優先順序是什麼。所以，如果她的時間不夠，就直接找重要的資料文件，就是那些『今天必看』的資料文件。

凱柯波洛維茲所用的分類方法，顯示他們都有一個先後順序的系統，正如我們前面一再看到，建立優先順序並且遵循這些順序是非常重要的。第一個塞在信箱或是放在桌面上的信件雜誌、便條紙的重要性並不相同，如果你全部一視同仁，就需要非常努力工作，但是如此一來，瑣碎和重要的東西受到的注意力就會變得一樣。

大多數人都會注意到浪費很多時間的事情，也就是那些使我們一不小心就損失一大段時間的事情；然而，生命也會因為成千上萬微不足道的事情而流逝。

看一封信，然後什麼也不做的把它放回去，只會花幾秒鐘，最多大概是一分鐘的時間，時間並不多。但是，如果你一天重複十次，一年下來，你就花了很多時間在翻動這些文件。

一個漏水而沒有被發現的水龍頭，會讓你的水費大幅增加，就好像水管破裂一樣，你會緊急修理破裂的水管，但是漏水的水龍頭則是一滴又一滴，一個小時又一個小時，一個月又一個月，一年又一年的浪費資源，你可能完全沒有發現。

我們可以依據以下的重點來製作，就可以掌握基本要點：

■顏色種類除了白色以外，請儘量控制在三種顏色之內。但是淺藍及深藍為同一色系，所以視為一種顏色。

■筆記本的頁面最好為白色。

■藍色或藍紫色的頁面，會帶給人一種知性的好感。

■黃色的頁面，會讓人覺得眼睛疲勞，同樣的，綠色也不適合使用。

■配色方面請考慮「左側法則」，因為人傾向將穩定的感覺置於左側，所以在左側搭配暗色系具有效果。

■若有強調的部份，以紅色來搭配一定沒錯。如果紅色不是只用在真正想要強調的重點上，則效果會減低。

總之，用顏色表達目標的輕重緩急，應該儘量減少顏色的種類，統一顏色的使用方法，儘量可以使你的筆記本內容一目瞭然。

適時進行資訊的更改和取捨工作

> 人擁有的東西沒有比光明更貴重、更有價值，所以千萬不要把你今天所做的事拖延到明天做。
>
> ——貝多芬

為了使筆記本的內容一目瞭然，應該對資訊的預定、確定與實行，進行明確的區分。記錄預定的資訊時，最好可以留出空間以確保後期的刪減、添加。一般說來，一條資訊可留出兩到三行，甚至更大的空間來確保未來所發生的不確定因素。這樣一來，即使發生什麼突發事件，我們的筆記本也可以記錄得清晰而有條理。

發生變更的事情，應該留下變更前的記錄。因為變更後的事情可能不準確，也可能又變回原來的事情，留下原有的記錄，就可以避免因為事情的反覆，造成記錄的重複。

在通訊錄裡，應該確保每個人留下兩個通訊欄，因為現代社會的人，空間上流動得比較快，聯繫方式、住址變動也非常的頻繁，通訊錄的變化也是很普遍的。所以，最好可以空出至少兩個通訊欄留給一個人使用。

我們還應該定期做好資訊的整理和刪除工作，養成習慣，精簡和更新筆記本的內容。

還有一種「未雨綢繆」的方法，可以相對的減少資訊的更改和取捨工作，就是在筆記本中，設計接續來年的記錄欄。

眾所周知，事先做好計畫，並且沿著大方向一步一步堅定的走下去，過程的變更是很少發生的。

因此，為了來年的目標，做好計畫，並且記錄在筆記本，我們後期的工作量，也會相對的減少一些。

另外，值得注意的一點是，為了確保記錄的連續性，過去幾年的筆記本，最好可以保存下來。

或許幾年後的某一天，在一個黃昏的下午，重新拿起過去的筆記本，文字所傳達給你

筆記本成功法

的感覺會非常的微妙，就像翻開日記本一樣，過往的歲月隨著一頁頁的筆記，歷歷呈現在我們的面前，那裡有歡樂、痛苦。

更重要的是，我們在這些筆記本中，看到自己的成長過程，以及個人在這個階段的心理變化，所有這一切，都可以成為我們保存筆記本的最好理由。

只要好好的分類，這些信件是難不倒我的！
You've got mail

協調筆記本的每個細節

時間最不偏私，給任何人都是二十四小時；時間也最偏私，給任何人都不是二十四小時。

——赫胥黎

大型的交響樂管弦樂團，和諧的結合許多的個人表演，有時候甚至多達百人。每一位音樂家，以及各種的弦樂、木管、打擊樂器，都各自有不同的責任。他們可能會個人分別練習或是各個部門各自練習，然而表演一開始，所有的人和部門的反應都是一致的，因為每個音樂家都有一份完整的樂譜，告訴他們其他人在做什麼。

眾所周知，樂譜或是計畫並不會埋沒演奏技巧，反而是將演奏技巧提升到更高的境

筆記本成功法

界。成功的協調任何事情——從製作電影到指導冠軍足球隊，再到指揮管弦樂團。這些環節的關鍵之一，就是製作一份樂譜，然後，讓所有參與的人知道這個樂譜。

就像電影製作人一樣，要製作影片的每一個環節，必須從旅行計畫一直到每個拍攝的細節。針對這方面來說，要首推電影大師希區考克，他也會規劃每一幕戲中的細微、最複雜的細節。

導演們成功的統籌影片的方法就是：在他們開拍之前，先在腦海裡構想整部電影的影像，然後再將腦海中出現的影像，仔細的轉移到紙上，只有在緊急的狀況下，才允許誤差存在。為了確保每個人在開鏡時都準備就緒，精確的計畫和管理是必要的條件。

當然，不是每一個電影製作人

看來，我還是要定期整理我的筆記本，以免誤事。
OHO

都像希區考克一樣注重細節，有一些很優秀的製作人和導演容許相當程度的自由，還有些人善於當場即興發揮。但是希區考克證明了：透過仔細的安排，可以將概念近乎完整的從構想轉移至影片。

有史以來最偉大的籃球教練約翰・伍登，將協調技術提升到藝術的形式。約翰・伍登等了十五年才贏得他第一個全國大專籃球比賽的冠軍。然而，他在加州大學洛杉磯分校的最後十二年中，就囊括了十次冠軍，這個戰績在籃球史上尚無人可以超越。

聽聽約翰・伍登怎樣形容自己的訓練方式：「每一次訓練都有精確的目的，而且也有精確時間，你要從一個訓練進行到下一個訓練，然後再下一個，不能中斷，也不能回頭重複前一個訓練。每一項運動就像是結構嚴謹的網架，架在球員預期會增加的疲勞度之上。每一天都有個別的訓練計畫，但是，你可以預期它的精確度，而且練習會準時結束，這種確定性抒解了這一個小時四十五分鐘的煎熬。」

這種注重細節的方式，不僅在體育運動方面管用，在工商企業方面也一樣有效。如果你負責規劃特別的活動、廣告宣傳、促銷等工作，一份綜覽全局的計畫尤其重要。如果參與的人數眾多，工作必須分層負責的時候，最好準備一份包括人、事、時、方法的詳細計

筆記本成功法

畫，以及一旦發生問題時的處理方式。如果你不喜歡，或是不擅長準備詳細計畫，請機構中有這方面專長的人來做，或是雇用其他的人。

注意細節的原則運用在筆記本上，可以表現在許多方面，例如：統一符號標記以及使用規則。

研究顯示，原來普通人
終其一生，才用了4%
～6%的大腦潛能！

要擁有一本完美的筆記本，提升筆記本的細節部份，使之更深入、更有內涵，就應該多花一點時間，進行筆記本版面的修改，可以將整體感覺改善，筆記本的主人也會更加樂意的將它隨時攜帶在身上，也就可以更有效的進行時間管理。

首先，我們應該進行基本的確認，符號所表達的意思是否一致，數字的記號是否統一。光是如此，閱讀的容易度應該就可以提升，對筆記本內容的瞭解也可以更確實。

舉一個例子，制定以下的規則，統一筆記本的整體內容：

- 統一劃線的使用方法
- 開頭的記號用數字標示
- 必要的話，每行之間空一行
- 保留必要的空間，以便臨時修改
- 在每頁的右邊留出一塊版面，寫下自己的心得

筆記本就是剪貼簿

時間是無聲的腳步，它不會因為我們有許多事情需要處理而稍停片刻。

——莎士比亞

對於慣用便條紙的人來說，筆記本是一個暫存記憶體。使用便條紙最大的好處是，透過書寫方式，將一件件待辦事項明確化。如果發現這件事情可以交由其他人待辦，就立刻撕下便條紙，尋求他人協助。

小小的便條紙運用在管理上，不僅可以將事情授權給其他人做，為自己騰出更多的時間做對自己有益的事，同時還可以達到激勵他人，進而提高工作效率的作用。例如，GE前任CEO傑克・威爾許，正是善用便條紙進行管理的典型代表。

在管理上，傑克・威爾許自有他獨特的方法，最著名的莫過於「聚會」、「突然視察」、「手寫便條紙」。

傑克・威爾許懂得「突然」行動的價值，他每週都突然視察工廠和辦公室，匆匆安排與比他低好幾級的經理共進午餐，無數次向公司員工突然發出手寫的整潔醒目的便條紙。所有這一切都讓人們感受到他的領導，並且對公眾的行為施加影響。

傑克・威爾許也十分重視企業領導人的表率作用，他總是不失時機的讓人感覺到他的存在。他向幾乎所有的員工發出的手寫便條紙，具有很大的影響力，因為這些便條紙給人親切感和自然感。

傑克・威爾許的筆剛剛放下，他的便條紙就透過傳真機直接發給他的員工。兩天之後，當事人就會收到他手寫的原件。他手寫的便條紙，主要是為了鼓勵和鞭策員工，或是為了促使和要求部下做什麼事。

靈活的與其他工具並用

> 普通人把心思花費在如何打發時間，聰明的人卻是把心思花費在如何有效運用時間。
>
> ——叔本華

只憑一本筆記本，是很難將它的作用發揮到最大功效的。如果在可以活用筆記本的同時，讓它與辦公室中各種現代化設備一併使用的話，其效果更是難以言喻。

影印機的方便之處，應該是最清楚不過的。它可以將所需要的資料複印下來，再打個孔放入自己的筆記本中，也可以複印以後，貼入筆記本之中，而成為自己的資料庫。

還有一種利用電腦為筆記本服務的方法。每天晚上，你可以利用電腦，將隔日行程所需的資料，在事前全部輸入電腦之中，每天早上就可將資料從電腦中列印出來，然後再貼到筆記本上。

手記式筆記本以及電子筆記本一定要配合使用，其效果才可以相輔相成。

此外，還將介紹許多為筆記本服務的輔助工具。

即使是價格高昂的電腦，也不是將筆記本完全充實化的用品。但是隨處可見的一些文具用品，卻具有相當大的功能。

表格

一表在手，日程安排就可以一目瞭然。我們可以用電腦或是文字處理機，設計出適合於自己使用的表格。

迴紋針

整理收據等單據時，最經常使用的工具就是迴紋針。當然，迴紋針可以當作書箋使用。只要巧思一番，還可以當作索引使用！

卡片商品、迷你文具組合

卡片商品的特色是，它可以就原樣的組合，裝入筆記本之中，而迷你文具組合則帶給人們周全的服務。一些慣於使用制式筆記本的人，在他們的手提包中，都會多準備一套迷你文具組合，如此一來，再也不會有東找西找的尷尬場面。

自黏便條紙

它不僅可以取代記錄頁，也可以取代書籤夾，可以說是用途極廣的便箋。它的大小也有各種不同的尺寸。如果可以有大小兩種尺寸，對使用者而言，將會更方便。

公事包

筆記本的攜帶與公事包的存在之間，具有相當微妙的關係。我們會看到夾著一大本制式筆記本的人，以及在公事包裡塞著筆記本的人，當然，還有把筆記本放在西裝口袋裡的人。

筆記本擺放的位置，也會因為季節的不同而有所改變。冬天因為穿著夾克，所以可以放在上衣的內側口袋中，但是夏天只能放在外衣的外側口袋。但是不論放在哪裡，都必須注意一點，那就是取用方便的原則。

用。

其他一些小東西，例如：多功能組合刀具以及透明膠水，這些都可以發揮極大的效用。

以多功能組合刀具而言，要切割東西非常方便。以手撕會弄得汙損難看，但是使用多功能組合刀具，就可以又整齊又漂亮。

當然，多功能組合刀具的最大功用，在於扳去啤酒瓶蓋！

總之，並不是要將所有用品、工具全部帶在身上，要有選擇性的搭配使用。

例如：電腦，就是一個非常有用的工具。但是，對一個在外奔波的業務員而言，卻不見得很方便。電腦是放置在辦公室裡的設備，所以只有當人員也在室內時，才可以讓筆記本和電腦連接起來。當然，也有一些人只靠一本筆記本而遊走天下。

不論如何，只要確定目標在哪裡，選擇適合自己的工具，就可以了。

第五章：讓自己成為高效能人士

在每個夜晚，抽出一些時間，好好想想今天做了什麼，明天應該做什麼，並且把它記錄下來。那麼，第二天大清早，只要翻開筆記本，就可以一目瞭然這一天應該辦理的重要事項（日程以及今日工作要項）。這樣，一天時間的運用就可以更有效率。

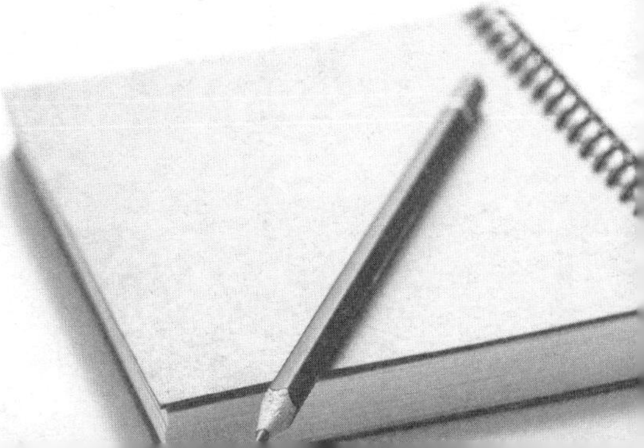

鵝卵石的故事

做事多而快，無法代替做應該做的事。

——史蒂芬・科維

有一個小故事：

在一次時間管理的課程上，教授在桌子上放了一個裝水的罐子。然後又從桌子下面拿出一些正好可以從罐口放進罐子裡的鵝卵石。當教授把石塊放完以後，問他的學生：「你們說這個罐子是不是滿的？」

「是。」學生們異口同聲的回答。

「真的嗎？」教授笑著問。

然後再從桌底下拿出一袋碎石子，把碎石子從罐口倒下去，搖一搖，再加一些，再問學生：「你們說，這個罐子現在是不是滿的？」

這次，他的學生不敢回答得太快。

最後，班上有一位學生怯生生的細聲回答：「也許沒滿。」

「很好！」教授說完以後，又從桌下拿出一袋沙子，慢慢的倒進罐子裡。倒完以後，再問班上的學生：「現在你們再告訴我，這個罐子是滿的呢？還是沒滿？」

「沒有滿。」全班同學這下子學乖了，大家很有信心的回答。

「好極了！」教授再一次稱讚這些「孺子可教」的學生們。稱讚以後，教授從桌底下拿出一大瓶水，把水倒進看起來已經被鵝卵石、小碎石、沙子填滿的罐子。當這些事都做完之後，教授問他班上的同學：「我們從上面這些事情，得到什麼重要的啟示？」

班上一陣沉默。然後，一位自以為聰明的學生回答：「無論我們的工作多忙，行程排得多滿，如果再逼一下的話，還是可以多做一些事。」

這位學生回答以後，心中很得意的想：「這門課講的正是時間管理啊！」

教授聽到這樣的回答以後，點了點頭，微笑著說：「答案不錯，但並不是我要告訴你們的重要資訊。」說到這裡，這位教授故意停住，用眼睛向全班同學掃了一遍以後，說：「我想告訴各位最重要的資訊是，如果你不先將大的鵝卵石放進罐子裡，以後你也許永遠沒機會把它們再放進去。」

這則小故事最大的啟示就是：對於工作中林林總總的事情，可以按照重要性和緊急性的不同來確定處理的先後順序。抓住並且優先處理最重要的工作，不要讓自己深陷在每日的煩瑣雜務之中。就像大的鵝卵石要先放進罐子裡，其他的碎石子、沙子、水，最後都可以放進罐子裡的道理一樣。

在我們的筆記本中，重要和緊急的事項應該記錄在最顯眼的位置。這樣，當我們翻開筆記本的時候，這些顯眼的標誌會首先映入眼簾，時時刻刻提醒我們應該先解決這些重要事情。這樣的工作方法，可以產生事半功倍的作用，可以為我們節省大量的時間和精力，您不妨多嘗試一下。

一日之計在於夜

即使是在最忙碌的一天當中，時間也是一點點的過去；不管有多少任務，它們總會——而且只會——排成單行進行。

——麥斯威爾

在每個夜晚，抽出一些時間，好好想想今天做了什麼，明天應該做什麼，並且把它記錄下來。那麼，第二天大清早，只要翻開筆記本，就可以一目瞭然這一天應該辦理的重要事項（日程以及今日工作要項）。這樣，一天時間的運用就可以更有效率。

早晚檢視筆記本所記載的內容，不只是一個反省的過程，更重要的是，它與白天時間能否有效的運用，有密切的關聯。

每天晚上做好第二天的日程表，隔日清晨就可以立刻到公司，收集整理並且檢查當日活動的必要資料，這樣就可以避免發生忘記帶資料往赴會議的情形；在工作過程中，也不會發生因為忘記東西而無法做事的現象。

對於現在有小孩的上班族來說，屬於自己的時間就只有深夜至清晨的這段時間。早上六點多送孩子上學，晚上的時間又要陪孩子做功課，所有的時間幾乎都耗在孩子的身上。因此，只有利用夜深人靜的時候，對第二天所要做的事情先做一番考慮，並且採取因應的方法。不過，當孩子比較小的時候，一般睡得很早，所以基本上從晚上九點開始到睡覺，就是屬於個人的時間；當小孩長到一定年齡，生活可以自理的時候，晚上就有更多的時間用來思考。

感謝大家願意聽我
分享我的十個成功
黃金法則。

夜晚時間的使用方法，會因為一個人睡眠時間的不同而有所差異。

為了要利用早晨的時間，我們要先估算起床的時間。可是，先決條件是要有充份的睡眠，所以還要先算出就寢的時間。下班回家之後到睡覺之前的這段時間，就是我們所要考慮的夜晚時間。也可以來說，「夜晚時間」是為明天做計畫的時間。

為了明天，大致有下列三項工作必須處理：

- 先將當日的一切做一個簡單的感性記錄。
- 預定一些公與私的事項，將必要之事項記入筆記本。
- 為了明日的活動，今天要有充份的休息。

當然，每天的日子並不是一成不變的，有時候，千頭萬緒而難以解決的事情也不少。遇到困難的時候，千萬不要勉強自己，不妨將它留到明天繼續努力，凡事太過勉強反而會產生反效果。當然，也可以為自己安排進修的時間，例如：參加演講及座談會，參加一些不直接與工作接觸的活動，這對自己的工作也會有所助益。

與不同生活範圍的人談話，也是一種學習！

讓筆記本真正成為你的工具

一個人被工作弄得神魂顛倒直至生命的最後一息，這的確是幸運。

——愛因斯坦

要讓筆記本脫離裝飾品的行列，有一個方法就是要多看、多寫。例如，一天之中，有以下這些時間點可以看看你的筆記本（★表示至少一天要看三次的時間點）：

第一次：起床時（★）

依據今天的行程，判斷衣服的選擇。如果今天要見重要的客戶或是會議，不要忘了穿上正式服裝，同時告訴家人今天回家的時間，是否需要準備晚飯。目的是對於今天行程有整體印象，並且加以準備。

第二次：在上下班路上

利用坐車的時候，再次確定今天的行程，大致推演今天一整天的流程，目的是具體思考工作的順序與提升效率的方法。

第三次：坐在辦公室

確定待辦事項，同時決定優先順序。目的是先想像沒有緊急事項的時候，自己要如何處理一天的工作；如果有重要而且緊急的工作臨時安插進來，就要立即應變。此外，重要的工作放在午餐前，會比較有效率。

第四次：午餐後（★）

確認今天下班後的行程，讓期待下班的心情增進下午工作的效率，目的是轉換心情。

如果下班後沒有安排行程，就想像自己想做的事情，也是一種暫時從工作中抽離的方法。

第五次：下午工作時

確定已經完成的工作，如果今天的預定工作沒有進展，就要修正當天的行程，一方面讓自己有完成工作的成就感，同時鞭策自己完成未結束的工作。

第六次：下班前

確認明天的工作以及記錄今天工作的簡短心得，目的是結束今天的工作，為明天的工作做好準備。

第七次：睡前（★）

提醒自己的夢想與設定的長期目標，目的是加深自己達成目標的決心。

有些人說：「一天之計在於晨」；不過，有些人卻認為「一日之計在於睡前十五分鐘」，因為睡前十五分鐘可以好好回想這一天的功過，並且寫下日記，接下來的三分鐘，可以將明天的行程，先在腦中大致推演一次，等到隔天醒來的時候，幾乎已經在腦中深植今天應該做的事情。

另外，每一週的一開始，也要看一下整體行程，抓到一星期的繁忙節奏。通常，週一與週二會有較多的緊急狀況，因此建議週一與週二不要安排重要行程。每一個月也要審視自己的一個月計畫，從長期的眼光看目前為止的實際情況。

健全的時間管理，應該以重要性優先、效率次之的觀念為出發點。

一週的前瞻

時間與事業的關係，就像是金錢與商品的關係。做事情費時太多，就意味著買東西付出高昂的代價。

——培根

專業攝影師會利用各種不同的鏡頭來工作，他們利用廣角鏡頭和超廣角鏡頭來捕捉全景；他們利用望遠鏡頭把遙遠的物體拉近到眼前；他們利用常規鏡頭攝影，攝下的景象與人類眼睛所看到的最接近；他們利用顯微鏡頭拍攝特寫。他們的一個專門技術就是，知道什麼時候應該用什麼鏡頭以產生所需要的效果。

就像攝影師一樣，我們在自我領導方面的一個專門技術就是，知道什麼時候以效率最高的方法來完成自己的任務。在大多數情況下，人們會將注意力集中於每日計畫，這種集中注意看來是合理的。

「日」是時間的完整的最小自然單位——從日出到日落，二十四小時，我們就面對一個新的議事日程。我們可以對一天做出規劃，設定每日目標、安排當天的約會、給各項活動分出優先順序。當一天過去，我們接受這一天的結果，重新為明天做計畫、安排進度、分出優先順序，可以將失誤降到最低。

但是，注意力集中於每日計畫，就像你在大街上走著卻用望遠鏡頭觀察事務。它讓我們的注意力集中於眼前的事務——緊迫的、眼前的、緊急的事務。

所以，我們實際上是在給危機安排優先順序。大多數每日計畫方案原來的目的是幫我們做到要事第一，實際上每日計畫卻讓我們集中精力做緊迫事務為先。這種前瞻不足以實現它原來的目的。

當然，我們也有可能把注意力只集中於全景目標。如果我們不把構想轉化為行動，我們就會與現實失去聯繫，而成為理想主義的夢想家，也會失去自信和他人的信任。

我們都面臨這個似乎兩難的抉擇。

那麼，我們如何解決這個兩難抉擇，既集中關注具體事務又保持全景性前瞻呢？

一週的前瞻提供了解決方案，它以一種平衡、現實的方式，把全景與當天聯繫起來。因為週代表生活中最完整的單位。它包括工作日、傍晚、週末，是對日常活動具有更適合的判斷尺度。

一週的前瞻催促著我們做出自我更新的規劃——留出時間讓自己休整和反思——每日和每週。

一週的前瞻既讓我們看到整體，即規劃的全景、夢想，又讓我們關注到細節——我們的角色和具體的目標。

這樣，我們就不會變成一個理想主義的夢想家，也不會讓自己迷失在細節中，使自己的生活變成機械的、分離的片段。

第六章：為筆記本做自我分析與診斷

重新審視自己的筆記本，使我們從生活中學到經驗，為下一階段而複習使命和角色、確立目標、建立下一階段的框架做更好的準備。

我們不斷在安排日程、行動、評估——安排日程、行動、評估——安排日程、行動、評估……透過這樣的循環，我們加強自我認識、教育自己的良知、培養心靈的良好習慣。

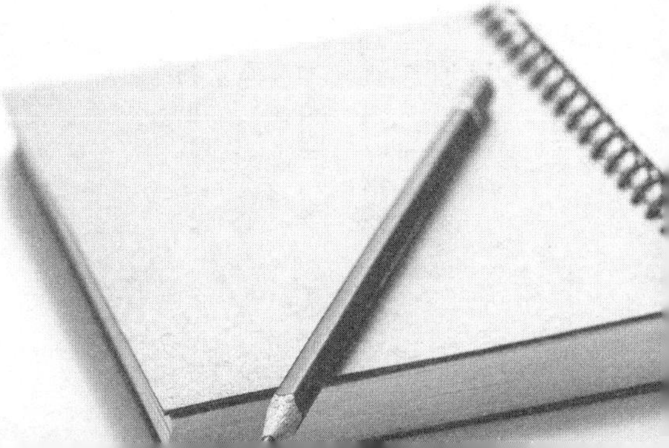

重新審視自己的筆記本

想要懂得今天，就必須研究昨天。

——美國作家賽珍珠

要重新審視自己的筆記本，首先必須認識筆記本的結構，並且希望可以熟練使用筆記本的各個功能。當我們重新檢查自己的筆記本時，可以嘗試著修改自己的筆記本功能、記錄風格等內容。筆記本不是記錄本，我們把筆記本作為我們行動與反省的暗示，所以對筆記本內容的審視是最關鍵的一環。在逐漸的改變筆記本的使用方式以後，我們就可以養成個人的記錄風格。有一個心理學家做了一個老鼠進迷宮的試驗。他們把老鼠放在迷宮的一端，把食物放在另一端，觀察老鼠如何在迷宮中左碰右撞，最後找到食物。下次試驗時，老鼠繞路的時間會少一點，速度也快一點。再過了一段時間，只要幾秒鐘，老鼠就可以快速的穿過迷宮，把美味食品放進嘴裡。

然後把食物拿走再繼續實驗。有一段時間，每次把老鼠放進迷宮，牠仍然直奔另一端。但是，不久牠就明白食物不在那兒，於是就停止奔跑。

他最後說：「這就是老鼠和人的區別，老鼠停止而不再嘗試。」

雖然這個評論是一個玩笑，但是這個心理學家的觀點卻是正確的。我們經常陷入某種慣例或單調的工作、受吸引而形成某種不良生活模式或養成某個壞習慣。一週又一週，我們在生活中反覆做同樣的事情——和同樣的弱點鬥爭、重複同樣的錯誤。

我們沒有從自己的生活中真正學到什麼。我們不會停下來，問自己：「為了不會重複同樣的錯誤，我可以從這次錯誤中學習一點什麼？」因此，我們應該經常對筆記本做評估，並且由此獲益，否則我們的筆記本都是不完整的。重新審視自己的筆記本，使我們從生活中學到經驗，為下一階段而複習使命和角色、確立目標、建立下一階段的框架做更好的準備。我們不斷在安排日程、行動、評估——安排日程、行動、評估——安排日程、行動、評估……透過這樣的循環，我們加強自我認識、教育自己的良知、培養心靈的良好習慣。

定期回顧人生目標，積極進行自我對話

時間是人所能耗費的最有價值的東西。

——泰奧佛拉斯托斯

一定要定期檢查計畫表。

早上起床後的第一件事，就是查看計畫表。如果你確定要做的事都列在計畫表上，而且每天固定檢查計畫表，你就絕對不會因為「忘記」而沒有完成任務。

福布斯二世一直在他的書桌上放著一張記錄重要事項的紙，這是他個人管理系統的中心：「每當我覺得進退兩難時，我就會看看這張紙，確定使我動彈不得的事是否真的值得讓我為難。」通常福布斯的紙上大約有二十件事，包括電話、信件，以及他必須口述的一

筆記本成功法

小段專欄文章。他說：「如果你沒有一個固定的筆記本記錄你想做的事，事情永遠都無法完成。」

這也是在管理其他事情時，非常有用的技巧。每當你分配工作給部屬時，你應該確定他們會將你所交代的事情記在計畫表上。在之後的會議中，也要請他們帶計畫表來開會，並且以此作為進度報告的根據。如此一來，你就可以確信你指派的工作不會被遺漏。

在工商企業或社會中，沒有多少特質比「可靠」更重要。經理人喜歡指派工作，以便他們可以專心做其他的事情；策劃會議或社交活動的人，都希望與會者不會將出席時間忘得一乾二淨。

你可以把審視筆記本的心得寫在筆記本中，也可以寫在一張作廢的紙上。你可能會發現，在筆記本中隨身保存一張問題的清單是很有用的，每次審視筆記本以前，先把這些問題看過一遍。你可能會認為，列出的問題不應該多於五、六個。

建議你可以從下述的問題中，選擇幾個：

你要問自己的問題：

一、我實現哪些目標？

二、什麼因素讓我得以實現目標？

三、我遇到什麼挑戰？

四、我是怎樣戰勝這些挑戰？

五、實現這些目標，是否是我的時間的最佳利用？

六、對這些目標的注意，是否使我錯過本來可以更好利用時間的意外機會？

七、哪些目標我還沒有達成？

八、什麼因素阻礙我達成目標？

九、我的抉擇是否讓我比原來的計畫更有效的利用自己的時間？

十、哪些未實現的目標，應該列入下階段的日程安排？

十一、我是否抽出時間，用於自我更新、反省和再承諾？

十二、我用什麼方法，實現各個角色和目標之間的平衡？

十三、本階段運用時間管理方法的效果如何？

十四、從整體上講，我可以從中學到什麼經驗？

十五、如果你想做長時間的審視，例如：一個季度或是一年，可以問自己這類問題：

- 我可以從確立並且實現目標的過程中，看到什麼成功或失敗的模式嗎？
- 我是否設定現實的、但是有挑戰性的目標？
- 總在干擾我實現目標的是什麼因素？
- 可以對哪些模式或是程序加以改進？
- 我是否引起一些不切實際的期望？我可以怎樣加以改變？

把這些問題看過一遍的時候，重要的是你要認清自己的人生目標，打開自己的心靈，積極進行自我對話，認真反省，並且及時的做出修正。「安排日程、行動、評估」這個過程的反覆進行，可以幫助我們更清楚的看到我們的目標，以及我們的行動和抉擇所帶來的後果。它讓我們從筆記本中學習到更多的東西，進而透過學習改善生活。

自我分析一天的時間使用

時鐘不停的響著，用毫不留情的精確性，記下我生活裡消失的無影無蹤的每分每秒。

——高爾基

時間管理的重點，在於使用原本浪費的時間，因此，掌握自己一天時間如何運用，就顯得很重要。設法分辨「有明確目標的使用時間」與「沒有目標的浪費時間」這兩種工作態度，同時分析自己「那是什麼狀況下」、「幾點到幾點容易這樣」。將每天的時間從起床一直記錄到睡前，如此自我分析一星期，往往就可以找到時間浪費在哪裡。只要將這些浪費的時間，化為「有明確目標的使用時間」，就可以踏出時間管理的第一步。

筆記本成功法

自我分析以後，將工作與私人、腦力活動與體力活動，用顏色區分。如果發現工作時間與腦力活動時間居多，就要想辦法增加個人興趣或是運動的時間。另外，還要注意工作的類型中，有多少是受人所託，又有多少是自己原創的部份，這樣詳細的記錄，往往可以找出時間管理的盲點。

例如，車上打瞌睡其實很不值得，收發E-mail其實佔據許多時間，使自我充實的時間太少，還有上網漫無目的漫遊的時間過多，以及吃午餐花太多的時間……因此，沒有時間不是藉口，時間管理的重點，首先要分析自己所花時間的比例，才可以善用時間，從事對於人生有正面助益的事情。

以逐項列舉為原則	一定要記下標題
5W2H為重點	日期與時間一定要記入
事前要建立關鍵字	注意數字與專有名詞
名片上空間亦可利用	多使用記號與縮寫
整理工作須當日完成	不要吝惜紙張

筆記本的輔助部份

時間應該分配的精密，使每年、每月、每天和每小時都有它的特殊任務。
——康美紐斯

筆記本的輔助部份包括日曆、時間表、通訊錄和備忘錄。這三個部份屬於思考集，它們包含筆記本中特別重要的資訊，所以要重點說明一下。

日曆、時間表

首先，日曆及時間表，這兩者要湊成一組來看比較好，也就是要對照著來看。

日曆最好是兩年份的比較方便。例如，你可以將今年的日曆和明年的放在一起做對照，以一年為單位來計畫固然比較容易，但是如果可以有明年的日程表，就可以使計畫的眼光更長遠。日程表方面，由於製造廠商的設計不同，會有許多形式。我們在選擇的時候，除了考慮便利性以外，也要注意配合自己個人的職業、興趣。大致而言，有單日式、週誌、月誌及年誌這幾種。當然，無論使用什麼筆記本，如果不花心思、不願投入自己的心血，一樣是沒有效率。

通訊錄

通訊錄可以保存我們日常聯繫人的詳細資料，包括人名、手機號碼、電子郵件位址、住址、工作單位……

專門準備一本這樣的通訊本，在我們需要聯絡某人時，只要打開通訊錄，就可以輕而易舉的找到他的聯繫方式。但是由於個人整理後分類的方法不同，使這一本通訊本有難查及易查之分。只要多下一些功夫，找一個人的通訊位址、電話時，就會容易得多了。

一般而言，在筆記本中都附有通訊欄，但是往往都會受到版面的限制。如果記入太多的通訊資料，找起來反而更麻煩。

所以，如何在有限的空間內記入必要的內容，這就是一門學問。我們通常只記入與工作有關的名字及電話號碼。在筆記本中記錄通訊錄的資料，基本都必須具備淺顯易懂的標誌。若是怠於做這項工作，不僅查閱起來費時，而且資訊的運用也無法順暢。

但是，我們在做記錄時，不能一味的追求簡潔而忽略重要資訊，因此前提必須是：以最低限度的必要事項，依照某種規則，事無巨細、毫無遺漏的記載下來，而且可以記載住址和聯絡地點的變更情形，因此必須經常不斷的修改補充。最通常的方法是使用英文字母區分，或是採用公私劃分的方法做歸類。

與工作有關而最常記載的內容就是「公司名稱、公司地址、電話號碼、傳真機號碼，以及負責人姓名、住宅地址、電話號碼」等基本事項。另外，至少也必須記載有「公司名稱和電話號碼」，甚至只寫「姓名」的情形也有。前者有七項，但是後者只有兩項，問題是這些專案要記錄到怎樣的程度。寫得太多的話，雖然比較詳細，但是也比較費事。寫得太少的話，雖然比較輕鬆，但是又不合乎實際所用。

其實，究竟應該如何做最適當，不妨以「交往的深淺程度」來劃分。例如，公事上的對象，一般都只記公司名稱和電話號碼；但是如果包括私人的交往，就應該再加入住宅的電話號碼。有關這方面的取捨標準，決定於各人的經驗。

筆記本成功法

用心仔細聽

把記別人姓名當成重要的事。每當認識新朋友時，一方面用心注意的聽，一方面牢牢記住。如果聽不清楚對方的大名，請立刻再問一次。切記！每一個人對自己的名字，比全世界的人名加起來還關心。

利用筆記，幫助記憶

不要信任自己的記憶力，在取得對方名片之後，必須把他的特徵、嗜好、專長、生日等寫在名片背後，以幫助記憶。當然，如果可以配合照片另製資料卡，則更理想。

反覆使用，協助記憶

重複一個人的姓名，可以幫助記憶。因此，在初次談話中，應該故意多叫幾次對方的大名。如果對方的姓名很少見或奇特，不妨請教其寫法與取名的經過。此種以姓名為話題的處理方式，更可以加深印象。

運用有趣的聯想

這是利用對方的特徵、個性、諧音，以產生聯想的記憶方法。例如，對方叫李茂生，而他的特徵是毛髮茂盛，可以用毛髮茂盛聯想到他的姓名。又例如，對方叫林文彬，而他的個性文質彬彬，則可以從個性聯想到姓名。

備忘錄

備忘錄是為了防止忘記重要事情而做的記錄。人類是健忘的動物，如果人人都有過目不忘的超強記憶力，就不需要備忘錄。換言之，「有了備忘錄就可以忘記」。

備忘錄的功能之一，就是具有整理腦中所記憶的內容的效用。也正因為如此，它比較適合記下自己的自由構想。備忘錄中要盡可能的多記錄一些資料，就算目前沒有價值也不可丟棄，而且保留得越多越有助益。因為記下的內容中，有一些是早已被其他活動加工過的資料，直接可以作為記錄保存下來。如果可以善加保存的話，將可以作為極佳的個人資料。

備忘的事項原本是片段的，各個之間都沒有太大的意義與關聯性。但是如果聚在一起的話，將可能從中尋找出不少資料而能創造新意。

書寫備忘錄會因為其目的之不同，而有不同的書寫方法，但是不論在任何情形下，都有一些共通的基本要素，亦即「書寫備忘錄的要訣」。筆記本的版面空間極為狹窄，在這有限的空間中，要盡可能的記下所需的資料。瞭解基本要訣的話，將可以減少在時間和體力方面的浪費。

備忘錄的五項要訣，包括：

善用標題

在這裡提到的標題，不必把它想得很困難，而只是要使所說的話讓別人瞭解即可，最重要的是把五W二H加入。寫備忘錄是不可能把所有資料全部記下的，因而記入備忘錄中的資料要有選擇。換言之，既然是寫備忘錄，寫到某種程度也就夠了。

對於構思、資料、留言所使用的備忘錄，首先都應該寫上日期，這一點經常被人忽略。因為寫上日期的話，事後不論是再整理或是再閱讀，都十分方便。

例如，寫電話留言時，最好將時間也記下。

內容只須記重點

備忘錄是以速度決勝負，不能像寫文章似的長篇大論，而是以條列式的重點短文書寫。會議、演講、電話留言只要記下關鍵字，事後可以還原至相當的程度即可。不過在這種情況下，要多彙集可以作為資料來源的關鍵用語，並且盡可能及早整理關鍵字彙。

數字一定要記下

當客戶打電話來問：「商品還有存貨嗎？」但很遺憾的是，商品已經賣完了，於是對方又問：「何時可以再進貨？」這個時候就非回答不可。除了回答「我不知道」以外，若是回答「還有兩星期左右」以及「在下個月五號左右會進貨」，這兩種回答哪一種感覺比較有誠意呢？想必大多數的人都會選後者，因為這種回答比較具體，這就是數字所具有的最大功用。數字在越複雜的內容中，越可以發揮其說服力，這一點請各位務必記下。

寫備忘錄時也是一樣，要儘量寫上數字。可能的話，還可以加上圖解、表格等形式來表達，如此將會更正確。雖然說是圖表形式，但是本質上仍然是備忘錄，只要以幾個點來畫圖表，再加入座標，即可描出大致的情況。總之，不必太在意細微的部份，只要可以看出重點所在，這才是寫備忘錄的重點。

以「五W二H」整理備忘錄

備忘錄所書寫的內容要有意義，但是有時候備忘錄也必須加以整理。這時，如果可以知道備忘錄的整理要訣，可就方便多了。這時的備忘錄（尤其是業務上的備忘錄）必須以五W二H為基礎來思考。

五W：

Who（誰）負責人、協助人

Why（為什麼）目的、理由

What（是什麼）主題、作業內容

When（何時）期限、時間

Where（何處）場所

二H：

How（如何）方法、順序、手段

How Much（多少）價格、數量、範圍

反過來說，寫備忘錄時，應該考慮在事後記錄者可以立刻回想出這些內容，以便在接到命令或指令時，這七個專案也都可以有效的派上用場。

成功講座 393

筆記本成功法

海鴿文化出版圖書有限公司
Seadove Publishing Company Ltd.

作者	凡禹
美術構成	騾賴耙工作室
封面設計	九角設計工作室
發行人	羅清維
企劃執行	林義傑、張緯倫
責任行政	陳淑貞
出版	海鴿文化出版圖書有限公司
出版登記	行政院新聞局局版北市業字第780號
發行部	台北市信義區林口街54-4號1樓
電話	02-27273008
傳真	02-27270603
E-mail	seadove.book@msa.hinet.net
總經銷	創智文化有限公司
住址	新北市土城區忠承路89號6樓
電話	02-22683489
傳真	02-22696560
網址	www.booknews.com.tw
香港總經銷	和平圖書有限公司
住址	香港柴灣嘉業街12號百樂門大廈17樓
電話	（852）2804-6687
傳真	（852）2804-6409
CVS總代理	美璟文化有限公司
電話	02-2723-9968
E-mail	net@uth.com.tw
出版日期	2023年04月01日　三版一刷
定價	250元
郵政劃撥	18989626　戶名：海鴿文化出版圖書有限公司

國家圖書館出版品預行編目（CIP）資料

筆記本成功法／凡禹作.-- 三版. -- 臺北市：海鴿文化，
2023.04 面； 公分. --（成功講座；393）
ISBN 978-986-392-483-8（平裝）

1. 成功法 2. 生活指導 3. 時間管理

177.2　　112002906

Seadove

Seadove